人に喜ばれる仕事をしよう

感動、感激、感謝される会社のつくり方

坂本光司 編著
法政大学大学院政策創造研究科 教授

WAVE出版

はじめに

あなたは最近、仕事で「ありがとう」「君のおかげで……」などと言われたことがありますか？

仕事を通して、仲間やお客様や取引先から、感謝されたり、感激されたり……といった、〝喜びの心〟を受け取った記憶はありますか。

目には見えないかもしれないけれども、社会の役に立ったり、誰かを助けたり、喜ばせたり。たとえどんなに小さくても、そんな「感動」を生み出すことこそ、人が「働く」ということの本質であるはずです。

でも社会を見回すとどうでしょう。残念ながら、そうではない働き方や企業も、「多く存在する」というのが実際のところではないでしょうか。

たとえば最近では「ブラック企業」という言葉が、世のなかを騒がせて、あっという間に広まりました。もちろん、その反対語である「ホワイト企業」「クリーン企業」

などという新語も生まれ続けています。

しかし、会社とは〝生き物〟です。たとえ今はどんな企業であっても、経営者の心一つで生まれ変わることができるものです。さらに言えば、従業員一人の熱い気持ちが経営者を動かすことだって、あるかもしれません。

「ブラック」「ホワイト」などと会社にレッテルを貼り合ったり、〝格付け〟し合ったり、批評に終始するのは、もうやめましょう。これからは、どんな会社も「よりよい企業に生まれ変わること」をめざす時代だと、私はとらえています。

では、いったいどうすれば会社を、仕事を、自分の働き方を変えられるのか。

そのヒントがこの本には詰まっています。

「いつか、こんな会社をつくりたい！」
「私も、こんな会社に入りたい！」
「わが社を、こんな会社に変革していきたい！」
「うちの会社を誇りに思う」

そんなモデルケースとして、本書を参考にしていただければと思います。

第1章では、「感動経営」とは何か、やさしく解説しました。

第2章では、全国の「感動経営」を実践している10の企業に取材し、その素顔と喜びの心をわかりやすくまとめました。

第3章では、「感動経営」を実践するための理念や、成功の方法をまとめています。

この本を読んで、「うちの事業規模では、まだまだ手が回らない」という経営陣や、「今の私の立場では、どうにもできない」という社員の方もいらっしゃるかもしれません。でも、それでもいいのです。

「いつか、人に喜ばれる働き方をめざそう」

心のなかに、そっと目標を掲げるだけでも、あなたの仕事は大きく変わってくるはずです。そして、一人一人の心が変われば、「感動を生み出す会社」も、きっと増えていくと思います。

「私の働き方が、会社を変えていくパワーになる」

そんな気概を持つ方が、あらゆる職場で一人でも増えることを、願っています。

2014年6月

坂本光司

目次

第3章 感動を生み出す企業のつくり方 …… 203

第1章

なぜ、仕事に「感動」が必要なのか

1　変わる価値観

近年、日本人の生き方・働き方、さらには企業の見方など、その価値観が大きく変化してきていると思います。とりわけ、その変化が如実に感じられるようになったのは、２０１１年３月11日の東日本大震災以降だと思います。

その変化は「モノから心・感動」「自利から利他」「競争から共生」「単独から協働・連携」「戦略から目的」「株主から社員」「強者から弱者」そして「経済性から社会性」といった方向です。

こうした日本人の価値観・生き方の変化は、内閣府が毎年実施している「国民生活に関する世論調査」でも明確に示されています。かつては「物の豊かさ」を重視する人々が多数派を占めていましたが、その後年々減少し、いまや「物質的な豊かさ」よりも「心の豊かさ」を重視する人々が、60％を超えるまでに高まってきています。しかもこうした傾向は、中高年齢者や女性において、より顕著な傾向を示しています。

日本人のこうした価値観や生き方の変化は、私自身も身をもって感じています。

私は中小企業経営論が専門で、これまで数千社の中堅・中小企業に対し経営アドバイスを行ってきました。また、講演をしたり著作を書くと、非常に多くの方がメールや手紙をくださるのです。しかも相手は企業の社員や経営者のみならず、高校生や大学生、さらには家庭の主婦やリタイアした方々なのです。その内容を少しご紹介しましょう。

「私の経営の考え方・すすめ方は間違っていました」「こんなにも素敵な会社をよく見つけて書いてくれました。お礼申し上げます」「本に登場する会社を応援し続けます」「これからもずっとずっと、こうした本を書き続けてください」「つらいとき、苦しいとき、また本を読み返します」「自分の生き方・考え方は間違っていました」「変わるべき・変えるべきは外部環境などではなく自分でした」……。

このような反応をいただいて、私は、世のなかは、確実に変わってきていると実感しています。変化の方向に気づかない企業や人々、また気づいていたとしても、こうした変化に無関心な企業や人々の未来は「危うい」と言わざるを得ません。それもそのはず、ダーウィンの進化論ではありませんが、いつの世も時代を生き延びるのは、大きさや力ではなく「その時代に適応できたものだけ」だからです。

2 ブレない企業の特長とは

日本には、現在400万強の企業が存在していますが、そのうちの約3分の2の企業は赤字経営体となっています。今から50年以上前の高度経済成長期においての赤字法人比率は約30%でしたが、その後、好不況にかかわらず、その比率は増え続け、近年では3社に2社が赤字経営を余儀なくされているのです。

こうした厳しい経営動向を見て、多くの企業関係者は「環境の悪化こそが、赤字企業増加の最大の要因」と言いますが、私は決してそうは思いません。というのは、昔も今もそうですが、好不況にかかわらず長期にわたり、赤字を出さないばかりか、「売上高対経常利益率が5%前後以下には、一度もなったことがない」という企業も、日本には少なからず存在しているからです。その割合を各種資料から推計すると、日本企業総数の約1割と思われます。

私はこれまで全国各地の大企業や中小企業を7千社以上訪問調査してきましたが、

そのなかには「過去30年以上赤字になったことが一度もない」といった企業はざらにありました。それればかりか「創業以来66年連続増収、かつ増益」とか、「過去40年間売上高経常利益率が20％以下になったことがない」といった超優良企業もありました。

より驚かされるのは、これら1割の企業の規模は、社員数が何千人とか何万人といった大企業ではなく、その大半は中堅・中小企業であり、なかには法人格を持たない社員数数名の個人企業もあるということです。

またその業種・業態も、農業など第1次産業から製造業や建設業など第2次産業、さらには流通やサービス業といった第3次産業まで、どんな産業・業種にも存在していました。元気のない企業がよく言う、「構造的不況業種だから……」という業種・業態に属する企業にも、多々存在していたのです。

さらに言えば、その立地先を見ても、何かと恵まれた大都市圏に立地している企業ばかりではなく、交通インフラが未整備で、商圏人口が決定的に少ない地方の、そのまた地方に立地している企業も、多数存在していました。

こうした現実を見ると、好不況により業績が左右されている企業や、慢性的に赤字状態にある企業が常々口にする「景気・政策が悪い」「業種・業態が悪い」「規模が小さい」「ロケーションが悪い」、そして「大企業・大型店が悪い」という言いわけは、まったくの「誤解・錯覚・甘え」と言わざるを得ないのです。

好不況にかかわらず業績がほとんどブレない「いい企業」の現場を訪問し、ハード面・ソフト面から、その経営学を詳細に調査分析してみると、それら企業には、まるで法則のような特長、共通した経営学が実践されていることがよくわかります。

あえてそのキーワードを言えば、「人本経営」「年輪経営」「バランス経営」「非価格経営」「ネットワーク経営」「市場創造経営」「正しいリーダーシップ経営」「大家族的経営」「情報武装経営」「社会貢献経営」そして「感動経営」の11項目です。本書ではこれら11項目のキーワードのなかから、近年とりわけ重要と思われる「感動経営」を取り上げました。

ところで、これまで経営学に関する多くの書物が出版されていますが、対個人サービス業の経営学ならともかく、業種・業態を問わず「感動経営」こそが重要、と評価位置づけをした経営学は、これまでの時代あまりありませんでした。

それは、製造業をはじめ大半の業種・業態にとって「商品力」「ブランド力」「マーケティング力」「生産力」「コスト改善力」、あるいは「技術力」といった「物の価値を高める経営学」に注力したほうが、企業の業績を高めるうえにおいて効果的と思われていたからです。

しかしながら、明らかに時代は変わったのです。いまや、時代が最も強く求める感動経営に注力している企業こそが、業種・業態を問わず市場から高い評価を受けていることが、証明されています。

一方、価格や機能といったものの価値を高める経営学に注力する企業ほど、組織風土は悪化するとともに、社員のモチベーションは下がり、結果として、これら企業の市場の評価は極端に低下してしまっているのです。

その意味では、企業内外の人々が感動・感嘆・感銘するような「感動創造経営」「感動提案経営」の実践こそが、時代が求める企業像となるでしょう。反対に、「感動が感じられない企業、感動を創造・提案できない企業の未来は暗い」とも言えます。

本書では、感動経営をわかりやすく、以下の３つに分けて説明します。

① 感動サービスの創造提案
② 感動商品の創造提案
③ 感動経営の創造提案

3　感動サービスの創造と提案

〈1〉サービスの5段階

物質的豊かさを重視する時代から、心の豊かさを重視する時代、多くの人々の価値観は物の価値からサービスの価値に移行をしてきています。しかもその求められるサービスの内容・レベルも年々高次化してきていると思います。

つまり「免責のサービス」といった低レベルのサービスにとどまらず、高いレベルのサービスが求められているのです。私はこれを「サービスの5段階」と呼んでいます。

まず、第1段階のサービスとは「義務サービス」です。このレベルのサービスは、その業界や企業に法律などで義務づけられている最低レベルのものです。

第2段階のサービスとは「当然サービス」です。名前のとおり、サービスの提供者が、どんな業種・業態であれ「当然行うべき」と思われるサービスのレベルです。

第3段階のサービスとは「期待サービス」です。「こんなことをしてくれたら……。こんなサービスを提供してくれたらいいいな」といった「当然」を超えたサービスです。

第4段階のサービスとは「感動サービス」です。第3段階の期待を超えた「ちょっといい気分になる」といった、良質のサービスです。

そして、第5段階のサービスとは「感動・感激・感嘆・驚嘆のサービス」です。「あり得ない！」「ここまでしてくれるのか！」といった高レベルのサービスです。

今日、多くのお客様が強く求めているサービスのレベルは、第3段階以下のサービスではなく、第4段階や第5段階のサービスであることに異論はないと思います。

しかしながら、現実はというと、多くの企業のサービスのレベルは依然、第3段階どころか第1段階や第2段階に留まったままと思えてなりません。事実、「この企業は（この人は）、サービスの意味をほんとうに理解認識しているのか？」と疑わざるを得ないような、劣悪なサービスの場面に出くわすことがよくあります。

たとえば、企業に電話や訪問した折、「なんの用事ですか？」「なにしに来られたんですか？」と言わんばかりの、横柄で不愛想な接客態度がそうです。あなたもお店などでしつこすぎる「付きまといのサービス」や、目の前でサービスを待っているにもかかわらず、見て見ぬふりをされたり、無頓着な対応をされたことはありませんか？

さらに言えば、「この運転手は車内清掃をしているのか？」と疑いたくなるほど薄汚れたタクシーに乗り合わせたり。目的地を告げているにもかかわらず、近距離でしゃくにさわるのか、ムッとした表情で車を急発進させるドライバーのタクシーにも遭遇した経験があるかもしれませんね。

こうした悪質なサービスの提供を受けると、私たちは「もう二度とこんな企業に来るものか！」「二度とこんなタクシーに乗るものか！」などと思ってしまいます。

たった一人の「たまたま腹の虫の居所が悪かったスタッフが提供したサービス」で、ほかの99％のスタッフのサービスに問題がまったくなかったとしても、私たちはその会社を許すことができません。悪質なサービスを被った人にとっては、その会社とそのサービスは「１００％の不良品」でしかないからです。

そして、私たちはそうした〝不快な許しがたいサービス〟を単に自身の胸にとどめてはおかず、さっそく次の日から、仲間たちは言うに及ばず、あらゆる機会をとらえて会う人会う人に、その悪質なサービスを語り継いでいくのです。企業にとっては「たかがサービス」でも、「たかが一人」ではないのです。

しかし残念ながら「自分たちが提供するサービスの質いかんが、組織の盛衰を決するほど重要だ」ということを、理解・認識していない企業やスタッフが多いのです。

「自社から客足が遠のき、売上高が減少したのは不況のせいだ」とか「環境悪化のせいだ」などとぼやき、その原因が「企業やスタッフのサービスの質・レベルの低下にこそある」という事実を、少しもわかろうとしないのです。

一方、好不況にブレずに好業績を持続する「いい企業」は、常に「お客様よし・会社よし・地域よし」とか「社員よし・社外社員よし・お客様よし・地域住民よし・出資者よし」といった、いわゆる「三方よし・五方よし経営」をトップポリシーに掲げ、「感動経営」・「正しい経営」を愚直一途に実践しているのです。

サービスの質やレベルで言えば、「いつでもどこでも、目の前にいるお客様にとっていちばんいいと思うサービスの創造提案」に努めているのです。

しかもそのサービスとは、企業の側や社員の側に立ったいわゆる義務サービス・当然サービス・期待サービスといったレベルではなく、真にお客様一人一人の側に立った心温まる感動・感激・感嘆・驚嘆のレベルのサービスなのです。

これらの企業に一度でも訪れたお客様は、その企業の提供する商品以上にその企業の組織風土や卓越したサービスに、感動・感激・感謝し、なにか心が満たされたような気分で買い物が楽しくなるのです。

心温まる「感動サービス」を受けた人々は、その瞬間からそのお店・企業のファンとなり、やがて単なる「たまたま客」から「わざわざ客」に変化・変貌していくのです。そればかりか、そのお店・企業が、あたかも「自分の自慢のお店・企業」であるかのように親しい仲間たちに語り継いでいくのです。

このことは、「感動サービス」というと必ずと言ってよいほど取り上げられる、東京ディズニーランドについても同様です。その魅力は素敵な乗り物や施設、あるいはアトラクションなどにもあるとはいえ、最大の要素は、あの美しい空間でタイムリーに提供される感動サービス・驚嘆サービスにあるのはご承知のとおりです。

「感動サービスの有無や、そのレベルこそが、これからの企業の盛衰を決定する」と言うと、読者の多くは「サービスだけでは商売にならない」「肝心の商品は動かない」などというかもしれません。しかしながら、それは誤解です。というのは、たとえば東京ディズニーランドでの商品の購入目的を見ても、「その日の感動を刻むためとか、思い出のため……」というゲスト（お客様）が圧倒的多数だからです。

かつて私たちは、物を買うことにより感動を覚えましたが、物的に十分すぎるほど満たされた今日では、単なる「もの」ではなく「感動」という財にこそ、より大きな価値を求め、それを追いかける人が増加していることは明白です。

あえて言えば、お客様に感動・感激・感嘆・驚嘆のレベルのサービスを創造提案することのできない企業は、商店であれ・工場であれ、またどんな業種・業態であれ、お客様を安定的に呼び込むことができなくなってしまったばかりか、存続すら困難な時代になっているのです。

以前私は、全国の大学生にサービスに関するアンケート調査を実施しました。

質問は「あなたが買い物や飲食をするとき、いちばん気になることはなんですか」「あなたが行きつけのお店・企業を変える理由は、なんですか」などといった内容です。

前者の回答で最も多かったのは、「そのお店・企業の店員・社員の接客のレベル」で、品ぞろえや立地場所、あるいは価格などをはるかに上回っていました。また後者の回答で最も多かったのは、「そのお店・企業の店員・社員の不愛想な・しつこい接客態度」でした。ここでもサービスの重要性が明確に示されています。

これまで感動・感激・感嘆・驚嘆のレベルのサービスの重要性を述べてきましたが、その内容やレベルをイメージしてもらうため、第2章以降で取り上げていない具体例をいくつかお話しします。

まずは香川県の徳武産業の感動サービスをご紹介します。徳武産業は社員数約60名の中小企業ながら、ケアシューズの市場シェアが日本一の企業として有名です。しかしながら私が同社を高く評価しているのは、同社の商品力やそのシェアなどではありません。「お客様に対するサービスの質・レベルが極めて高い」という点です。

同社の数々の感動サービス・驚愕のサービスのなかから、2つの事例をお話しします。一つは「真心のはがき」に関するものです。同社ではお客様から注文を受け製造した特注のシューズを宅配便でお客様に直送する際、感動のしかけを創造提案しています。

シューズを入れた箱に「真心のはがき」というメッセージカードを一緒に入れるサービスです。サイズははがき大で、お客様あてに社員が書いた手書きの手紙です。なかには決して達筆とは言えない文字の社員もいますが、あえて手で書いているのです。

その内容は真に感動・感嘆するものばかりです。そのなかの2通をご紹介しましょう。

「○○さんからご注文をいただいておりましたシューズがようやくできました。シューズを履いて元気に歩いている姿を見たいので、だれかに写真に撮っていただいてどうか送ってください。その日を心待ちしていますから」

「いつの日か、このシューズを履いて香川県に遊びにいらしてください。秋の栗林公園がいちばんおすすめです。紅葉が美しく素敵です。その折は、私の会社にも是非お立ち寄りください。日程が決まりましたら、私にご一報くださいネ」

こんな素敵な手紙が書ける社員が大勢いる会社が、徳武産業なのです。

徳武産業の2つ目の感動サービスは「お客様への誕生日プレゼント」です。

同社ではシューズを購入してくれたお客様に対し、購入してから2年間、誕生日に社員みんなで選んだプレゼントと誕生日を祝うメッセージカードを送り続けています。

プレゼントといっても、決して豪華な品物ではありません。ネッカチーフとか小物入れの布袋とか、タオル地のハンカチといった、「年配者がさぞかし喜びそうだ」と思われる商品ばかりです。そしてそのプレゼントと一緒にメッセージカードを入れるのです。

「○○さんの誕生日を心よりお祝い申し上げます。プレゼントはなににしようか迷いましたが、皆と相談して、今年は○○にしました。気に入ってくださるといいですが。これからも、ずーっとずーっと元気で長生きしてくださいね」

こうしたサービスを見れば、同社がなぜ好不況にかかわらず、ブレずに繁盛しているのかよくわかります。

もう1社はネッツトヨタ南国という会社で、本社は高知県高知市にあります。全国どこにでもある自動車の販売店で、業績も大変よい会社です。

しかしながら、同社に自動車を買いに行く人で、「品ぞろえが豊富だから」とか、「価格がどこよりも安いから」などという人は一人もいないと思います。

まず驚かされるのが、美しいショールームに、売り物である車が1台もないことです。美しいショールームにあるのは、各種の本や雑誌がズラっと並べられた書棚や、長居したくなるような素敵なテーブルといすが、ゆったりと並べられているだけです。

そこに座っていると、素敵なユニホームのスタッフが笑顔で近寄ってきて、飲みもののメニューを見せながら注文を聞いてくれます。

メニューにはコーヒーはもとより、ココア・ジュース・昆布茶・アイスクリームまでそろっていて、そのすべてが無料だと言うのです。

私がショールームにいる間、入ってくる人々のなかには、まるで車とは無縁と思われる高齢者夫婦なども目にしました。ですがスタッフは、すべての人々に分けへだてなく、見事なまでに相手の側に立っての感動サービスを提供したのです。同社が、数ある全国の自動車ディーラーのなかで、抜きん出て高評価を受け続けている理由が、よくわかりました。

〈2〉感動商品の創造と提案

お客様や社員を感動させる第2の方法は感動商品を生産・販売することです。わかりやすく言えば、お客様が感動・感激・感嘆するような、社会的に意味のある商品・社会性の高い価値のある商品を生産販売することです。

こうした「感動商品」と呼ばれる商品は大きく2つあるかと思います。一つは「商品そのものが感動するような商品」の生産・販売、そしてもう一つは、どんな商品でもよいですが、「製法技術が感動を呼ぶ商品」といったものです。

第1の「商品そのものが感動するような商品」とは、社会的強者がその商品を保有することにより生活の利便性が一層高まるといった、強者向けの商品というより、医療機器や福祉機器など、障がい者や高齢者などの社会的弱者が健常者と同様、幸せに生き・暮らしていくための利便性が高い商品といえます。

こうした商品は流行や景気を追うような質のものでないので、目立つ華やかな商品でも、企業に急成長をもたらすような商品でもありません。

逆に言えば、半導体などエレクトロニクス産業や機械産業などは、好不況により大きく変動しますが、こうした商品を製造販売している健全な企業で、業績が大きくブレる企業にはお目にかかったことがありません。

もう一つの「製法技術が感動を呼ぶ商品」とは、その商品が強者向けであれ弱者向けであれ、開発や生産のプロセス、創造された価値が、革命的なレベルであることです。

具体的に言うと、考えられないような難しい形状の商品や、従来の価格概念を覆《くつがえ》すほど低価格の商品などのことです。

こうした感動商品を生産販売している企業を訪問すると、いつも気づくことがあります。それは、これらの企業は例外なく「組織にギスギス感・やらされ感がなく、社員のモチベーションが極めて高い」といった点です。

これは当然のことだと思います。というのは、多くの社員は自分たちがかかわっている仕事が、社会、とりわけ社会的弱者と呼ばれる人々の幸せづくりや、この国の成長発展に「少しでも貢献している」という実感が、毎日仕事を通じて得られているからです。

職場にギスギス感がはびこり、社員のモチベーションが高いなどとは、お世辞にも言えない企業にかつて訪問したことがあります。そして、汗みどろ・油まみれの現場スタッフに「この部品はどんな商品に組み込まれるのですか？」と質問しました。その社員は面倒くさそうに、「そんなことを俺に聞くなよ！」という顔つきで「自動車の部品になるらしいが、詳しくは社長に聞いてくれ……」と返されてしまいました。

このような経営では、社員もお客様も感動などするわけがありません。

感動商品のイメージが、より明確になりそうな例を見ていきましょう。

まずは中村ブレイスという会社です。島根県の大田市、あの石見《いわみ》銀山のふもとにある、社員数約70名の中小企業です。

生産販売している商品は義手・義足・装具といった医療・福祉機器です。わかりやすく言えば、病気や事故で手や指、あるいは脚や耳などを失ってしまった人々のための商品をつくり続けている企業です。

私は同社にのべ数十回も訪問し、工場も見せていただいています。先日も私が顧問を務める有志の勉強会「神田経営者クラブ」（事務局＝アタックスグループ東京事務所）で、約20名の経営者と一緒に同社を訪問しました。

商品はすべて一品一品手づくりで、それはほんとうに手間ひまのかかる仕事です。できた商品は本物と見分けがつかない出来ばえです。また同社では障がいのある社員が大勢働いていますが、その一人、Oさんは、事故で片足を付け根から切断し、義足をつけています。そのOさんがつくった義足でリハビリに励む男性についてのテレビ放映の録画を見せていただきましたが、参加者全員涙があふれてきました。

「感動商品の創造・提案」とは、こうした医療や福祉にかかわる商品を製造販売することだけではありません。難易度の高い商品を見たり、革命的な製法技術を見たときにも私たちは感動を覚えます。

長野県塩尻市にある、サイベックコーポレーションがこのタイプの会社です。同社は、社員数約80名、自動車部品などのプレス部品メーカーです。

通常、自動車などのプレス部品のメーカーというと、「発注者から図面を貸与され、指示どおり賃加工的に部品を生産する」という「下請け型」の企業が圧倒的多数です。しかしながら、同社の経営スタイルはこれらとはまったく違い、金型の設計や製作をほぼ１００％自製するばかりか、一部とはいえプレス機械もプレス機械メーカーと共同開発をするという企業です。同社の工場を訪問するたび、〝感動の連続〟です。

先日も同社を訪問した折、想像を絶するような複雑な形状をした部品があったので、「この部品はどのようにして加工したのですか？」とたずねました。平林社長は、「これまで切削や研磨でつくっていた部品でしたが、プレス化・チッププレス化することに成功した部品です」と答えてくれました。

ちなみに、この部品の値段は、なんと従来品の30分の1のコストで、さらにその商品寿命も従来品の3倍になったと説明してくれました。平林社長は、「この工場では空洞化を阻止し、社員の生活を守るため、世界のどこの国で生産するよりも、高品質かつ低価格の部品をつくるのが生命線です」と言います。

こうした革命的な製法技術に感動したのは、豊橋市の樹研工業を最初に訪問したときもそうでした。松浦社長からガラスのケースを渡され「これが同社で世界で初めてつくった100万分の1グラムのプラスチック歯車です」と説明してくれました。肉眼ではそれはまるで「ケースのなかに粉がまかれている」といった感じでした。松浦社長から拡大鏡を渡され、それで粉状の物体を見ると、まさしくそれは小さな「歯車」だったのです。

その精巧さには、頭が下がる思いでした。

〈3〉感動経営の創造と提案

お客様や社員、さらには地域住民など企業にかかわるすべての人々を感動させる第3の方法は「感動経営を実践すること」です。わかりやすく言えば、「社内外の人々を感動・感激・感嘆させるような、世のため人のためになる慈愛に満ち満ちた経営を愚直一途に実践すること」です。

幸い、近年はこうした感動経営を実践している企業が、お客様はもとより社員や学生たちからも高い評価を受ける時代になったと感じさせてくれます。

私は、この国に正しい企業、つまり「人を、とことん大切にする企業」を増やしたいため、そうした企業を意識的に取り上げた文章を著書や雑誌に数多く執筆していますが、連日のように読者の方から、多くのメールや手紙などをいただきます。そのほとんどすべてが、「感謝します」「本を読んで感動しました！」などというお礼状です。

こうしたメールや手紙を拝見するたび「書かせてもらってよかった！」と思うだけでなく、「社会に感動を与えるような経営を行うこと自体が、お客様だけでなく社会や地域からも評価される時代が訪れた」とうれしくなります。

どうやら現代は、間違いなく「経済性と社会性の両立」「物質的満足と精神的満足の両立」が強く求められる時代になったのだと思います。

それでは、その企業にかかわるすべての人々が、感動を覚える経営とは、いったいどのようなやり方なのでしょうか。次に、「わが社でも実践できる」と思っていただけそうな事例をいくつかご紹介します。

1社目は、長野県伊那市の「伊那食品工業」です。生産・販売している商品は寒天を素材としたその応用商品です。決してハイテクなどの先進的な産業ではなく、時代の花形商品でもありません。

しかしながら、同社の社会での評価は抜群で、その評価の証である業績は48年連続増収増益、連続が途絶えたその後も、売上高対経常利益率が10％前後以上という驚異的な超優良企業なのです。

その要因は同社の技術力・開発力やマーケティング力などにもありますが、最大の要因は「同社の経営の考え方進め方が同社にかかわるすべての人々を感動させているから」だと思います。

ちなみに同社の経営理念は「会社の目的は社員の幸せを通して社会に貢献すること」とあります。つまり、「経営の目的は社員を幸福にすること」と明言しているのです。

こうした理念を高らかに掲げた企業ですから、多くの企業が不況のたびにリストラを実行するなか、同社ではリストラなど、一度も行っていません。全社員が居心地がよいのは当然で、その転職的離職率は実質ゼロと言います。私は、これまで多くの企業を訪問していますが、これほど社員全員が素敵な笑顔の企業はそうざらにはありません。

同社の感動経営は社員に対するものだけではありません。いわゆる「社外社員」、つまり、「仕入先や協力企業・外注先の社員や家族」に対しても同様なのです。先日も塚越会長から心温まる話を聞くことができました。「同社ではすでに過去50年以上、仕入先、協力企業・外注先を変えたことがありません。そればかりか、提出される見積書やすでに決めた単価の値下げ要求などしたことは一度もありません。支払いは当然全額現金です……」といった内容です。仕入先や協力企業を、まるで材料やコストあるいは景気の調整弁のように評価・位置づけ、好不況のたびに無理強いをする企業が多いなか、同社の姿勢には、心を揺り動かされます。

こうした同社の感動経営は、社員や社外社員に対するものだけではありません。地域社会に対しても実践されているのです。

その事例は多々ありますが、その一つが車で出社する社員が自社の駐車場に入る場合の「右折禁止」や、「地域住民への会社敷地の自由開放」などです。

「右折禁止」の理由は、「同社の社員が一斉に車で出退勤して右折をしたら、交通渋滞を起こしたり、ほかの車や地域に迷惑がかかるから」だと言います。

また同社の敷地内は四季折々の木や花が咲き誇り、まるでフラワーパークのような美しさですが、壁や塀がないばかりか警備員すらおらず、誰もが入り、ゆっくりと楽しむことのできる空間となっているのです。さらに驚くべきは、同社の敷地内に子どもたちの通学路まであるのです。いやはや、ジーンと胸にくるような感動経営企業なのです。

2社目は「アンシェーヌ藍《あい》」という店名のフレンチレストランです。場所は東京の三軒茶屋駅近くです。その創業者・現経営者は竹ノ内睦子さんという女性です。創業の目的はたまたま知り合った障がいを持つ少女に「素敵なフランス料理店で働きたい……」と全身を揺さぶりながらまるでうめくような声で訴えられたから、と竹ノ内さんは言います。

竹ノ内さんは、自身も車いす生活を余儀なくされるなか、立ち上げたのです。竹ノ内さんが事業を立ち上げた動機は、「善そのもの」です。私はこのお店に仲間と一緒に年数回食事に行くことはもとより、全国各地で講演に行った折、この会社の話は意識的にさせていただきます。

それは「この会社が、この国の宝のような企業であり、決してなくしてはならない企業」と思っているからです。幸いにして私の話や本を読んでくださり、多くの人々がこのお店に食事に行ってくれているそうです。

支配人のOさんが「昨晩は先生の紹介ということで多くのお客様が入店され、久方ぶりにお店が一杯でした……」と、ときどきメールをくれるのです。

当店で食事をすると、私ばかりか一緒に行った大半の人々が目を真っ赤にしながら食事をします。それは、竹ノ内さんの障がい者への強い思いが伝わってくるからかもしれません。ともあれ、多くの障がい者が素敵な笑顔で一生懸命働く、素敵な職場であることに間違いはありません。


3社目は先に述べた「樹研工業」です。同社は感動商品を創造・提案する企業として有名ですが、「人思い」、とりわけ「社員思い」の経営も感動ものです。その感動経営は随所で見られますが、その一つが、「病気で約3年間出社できなかった社員に給料もボーナスも1円も減額せずに払い続けた」というエピソードです。しかもそれを提案したのは、企業のなかでもとりわけ優秀な若い社員たちだったと言います。

「私たちが大して仕事ができなかったとき、私たちの給料分まで働いてくれた先輩社員に今はお返しをする番です……」と経営者に直談判したのだそうです。

4社目は北海道赤平市の「北海道光生舎」です。当社は今でこそ北海道を代表するクリーニング業として有名ですが、その歴史・経営は涙なくして語れない壮絶なものです。

創業者の高江さんは10歳のとき、遊んでいた竹とんぼの竹が右目に刺さり義眼となりました。その後、一生懸命勉強し電気工事士の資格を取り17歳のとき、電気工事会社に就職します。しかしながら、その仕事で電信柱に上り電線工事をしていた折、流れていないはずの電線に、なんと3千ボルトを超える電流が流れていたのです。高江さんは生死をさまよった末、命は助かったのですが、両腕を付け根から切断してしまうのです。

高江さんはそれにめげず懸命に勉学に励み、ついには地元の新聞社に新聞記者として就職をするのです。取材でまちを歩いていると、出会った多くの障がい者から、「あなたは幸せだ、自分たちにも就職先を世話してくれ」、そう何回も言われたそうです。

新聞記者として勤めるかたわら、障がい者のための就職探しにも奔走するのですが、当時の企業は首をなかなか縦には振りませんでした。結果として、高江さんは「ならば自分が」とクリーニング業を立ち上げたのです。

その折、奥さんが「この人にないのは片目と両腕だけ、それは私が持っています」と働きたい障がい者と一緒になって高江さんを支えるのです。

このように、世のため人のためになる感動経営実践企業は、私たちを心から感動させてくれます。正しい経営・感動の経営は社員ばかりか、お客様、さらには一般の生活者をも感動させ、行動を起こさせるのです。

これらの例を見るにつけ、「時代は明らかに感動を求めている」「人々に感動を与えれば、社員もお客様も追いかけてくる」と思えてなりません。

第2章では、感動経営実践企業の事例をさらに10社掲載します。どの会社も、あなたをきっと感動させてくれることでしょう。

第2章

心に火をつけてくれる10社の物語

「美容のチカラ」で、笑顔を増やす

訪問美容 と和《わ》

たとえ数センチのヘアカットであっても、ほんの少しのパーマや毛染めであっても。
いつの世も「おしゃれ」は、人の心を明るくしてくれます。
しかし、美容室に行けない理由を抱える「美容難民」は増えています。
「訪問美容 と和」は、そんな「美容難民」の笑顔を増やすべく、事業を展開。
その試みは、美容師の「労働環境の改善」と「雇用創出」をもめざしています。
サービスする側、お客様とその家族までが幸せになる「三方よし」の会社なのです。

心が通ってから、髪を切る

「子どものころ、いつもおしゃれにしている母が自慢でした。キレイにお化粧し、髪をふんわりブローする姿を眺めるのが好きでした。今でも私の心のなかの母は、そんな時代の母のままです。小池さんに出会って、髪をキレイにしていただいて、久しぶりに憧れだった母と、笑い合えたようなそんな気がします。母との素敵な時間をありがとうございました」

手紙の送り主は、83歳の母親、Uさんを6年間、介護している63歳の娘さんです。Uさんは、高齢による慢性機能不全と認知症を患っている、要介護度4の状態です。

彼女は寝たきりの生活を余儀なくされ、美容室に行くことができなくなりました。髪が伸び放題、その容姿の変化からくる自信喪失、気力低下、あきらめといった気持ちが、ひきこもりや高齢うつを引き起こす原因ともなり得るような状況でした。

訪問前のUさんは、「私なんて、もうキレイになれない」とあきらめているような日々でした。しかし、「お母さんを元気づけたい。また、お母さんの笑顔を見たい」と願う娘さんは、たまたま知った訪問美容サービスに依頼してみることにしたのです。

しかし初めての訪問のときは、当のUさんからは「そんなことしなくてよい」と拒否され、すぐには髪を切らせてもらえませんでした。通常の訪問美容サービスであれば、そのようなやりとりは〝時間のムダ〟ですから、「ではまた、切りたくなったら、ご予約ください」と言って、帰ってしまうのが普通です。しかし、同社の代表・チーフディレクター、小池由貴子さんは違いました。本人から断られたにもかかわらず、Uさんが元気なころのお写真を見せてもらったり、お話をじっくりうかがったりして、思い出やこれまでの人生に寄り添って、1時間ほど一緒に時間を楽しく過ごしていました。

しばらく、いわゆる〝女子トーク〟をしていると、Uさんは自然と「じゃあ、せっかくだから、ちょっと切ってもらおうかな」と言ってくれたのです。突然のことでしたので、依頼してくれた家族もビックリした様子でしたが、小池さんは笑顔で「わかりました、一緒にキレイになりましょうね」とやさしく言葉をかけ、手際よく寝たきりのUさんの髪をカットし始めたのです。

カットはおよそ15分。伸びきった髪は端正に整えられ、誰が見ても容姿に変化がありました。Uさんも鏡を見たとき、とっさに「またキレイになれた！」と、思わず口にしてくれたのです。

若年層にも〝美容難民〟は多い

訪問美容とは、「何らかの理由」で美容室に行けない方のために、ご自宅や施設病院へ、出張美容サービスを行うことです。「何らかの理由」というのは、美容師法により以下のように定められています。

・疾病その他の理由により、美容所に来ることができない者に対して美容を行うこと
・刑事収容施設の被収容者又は被留置者に対して美容を行うこと
・社会福祉施設などの入所者で、美容所に来ることができない者に対して美容を行うこと

「訪問美容」とは、上記のような「美容難民」とも言える状態の方に、サービスをお届けするものです。

一般に「美容」という言葉は、「容姿を美しくすること」と理解されています。ですが「単に、外見を美しくすることにとどまらない」と、小池さんは指摘します。彼女は「美しくすることで、人の心を明るく前向きに、強くする力」のことを「美容のチカラ（力）」と定義しています。さらには、「美容とは、自分らしく生きることを、心

の面からサポートすること」と考えているのです。

日本は、要支援・要介護認定者の数が３４４万人にもなり、うち80％の方に相当する２７５万人が在宅の介護を受けている現状です。歩行困難な要介護度１以上の人は、在宅介護で２５８万人となり、実質的には美容サービスを受けられない美容難民とも言えます。

このような背景を受け、近年訪問美容サービスが注目されていますが、これまでの訪問美容はカット主体で、床に新聞紙を敷いて行う簡易サービスにすぎません。

従来の「訪問美容」は福祉的側面が強く、ボランティア活動のなかで提供するものに留まり、男性には丸刈り、女性には刈り上げなどといった、サービス内容は画一的で、お世辞にも「おしゃれ」とはほど遠いものとなっています。

また、訪問美容というイメージは高齢者対象であるイメージが先行しますが、美容室に行けない方は、高齢者・介護者だけではありません。60代未満の年齢の方においても、障がい者や車いす生活者、うつなど精神疾患を抱える人、ひきこもりの人なども加味すると20～50代の方でも美容サービスを受けられない人々は多いのです。

容姿の変化から自信喪失・気力低下・あきらめといった心理的影響をより敏感に察知する年代は、実は20～50代であり、その層もまた、美容難民と言えるのです。

そこで同社は、美容サービスを単なる容姿を整えるカットなどの施術だけでなく、「心理的側面」や「精神的側面」も配慮した働きかけが「美容のチカラ」であると考え、自分らしく生きるサポートを通じて、一人一人に生きがいを提供しているのです。訪問美容はご利用者様のＱＯＬ（Quality of Life＝一人一人の人生や生活の質）の向上に寄与し、さらには家族の介護負担の軽減にも努めています。

また、社名の「と和《わ》」に込めた思いは、「永遠《とわ》に美しく」、そして「お客様と（と）美容をつなぐ、和《なご》みの（和）時間を過ごしていただく」というものです。

脱毛症のおばあちゃんへの誓い

小池さんが美容師になったきっかけは、小池さんのおばあちゃんからの言葉でした。小池さんが物心ついたときには、おばあちゃんは「かつら」をかぶっていました。

おばあちゃんは原因不明の脱毛症にかかり、ほとんど髪がありませんでした。そんな姿を「誰にも見せたくない」と美容室にも行かず、自分で伸びた髪を切っていたのです。おばあちゃんの口癖は、「孫のなかで、誰かが美容師になってくれたら、気がねなく髪を切ってもらえるのに……」というものでした。

「手に職をつけて早く社会に出たい」と思っていた、小池さん（当時高校生）は、おばあちゃんの思いを受けて美容師になることを決意して、東京の美容学校へ進学することにしました。

東京へ行く直前のこと、おばあちゃんは小池さんを自分の部屋に呼ぶと、かつらの下の姿をみせてくれたのです。

あっけにとられていた小池さんに、彼女は涙ながらに、こんな言葉をかけました。

「美容室に行きたくても行けない人がいる。そういう人の気持ちのわかる美容師になってね」小池さんも自然と涙があふれ、その場でうなずくことしかできませんでしたが、「おばあちゃんの思いは、いつか私が形にしよう」と、強く心に誓ったのです。

美容師として働き始めた小池さんは、下積み期間であるアシスタントを5年経験し、スタイリストとして、やっとデビューしました。「下積み期間があったからこそ、初めてお客様にかけてもらった『ありがとう』という言葉を、忘れられない」と言います。

人気美容師から、車いす生活者へ

その後、小池さんはお客様からの指名が絶えない人気の美容師になり、「小池さんに切ってもらいたい」「小池さんと美容の話をしたい」というお客様が殺到するほどになっていました。

小池さんには、すでにアシスタントがいたので、「カットを数分でこなし、あとのシャンプーやカラーなどはアシスタントにまかせる」というような分業制になってしまっており、いつの間にか「数をこなす」ことが最優先になっていました。自分でも「それではダメだ」と気づいていながらも、「雇われ店長」の身分では、シビアな売上目標を達成し続けなくてはいけない組織のなかで、どうすることもできませんでした。

そこに、転機が訪れます。一流の美容師として働いていた28歳のとき、「骨巨細胞《こつきょさいぼう》腫《しゅ》」という骨に腫瘍ができる病気にかかってしまい、大きな手術、そして半年間の車いすの生活を経験しました。

どこへ行くにも、なにをするにも、毎日思うように生活できないことにイラついたり、自分の姿を鏡で見るたびに容姿の変化を感じ、気持ちが落ち込み、自分の殻に閉じこもる生活になっていました。

そんなある日のこと。美容師の後輩が遊びにきて髪を切ってくれたことがきっかけで、気持ちも晴れやかに明るくなることができたのです。たった、前髪を5センチ切っただけです。

しかし、この5センチの変化が、美容の持つチカラであり、なにごともマイナスにとらえていた小池さんの心を変えたのです。

「なぜ、私がこんな病気にならなくちゃいけないの？」「なぜ、私の気持ちを誰もわかってくれないの？」と落ち込んでばかりいた小池さんが、「リハビリをがんばろう」「美容師として、また社会復帰したい」と感じるようになったのです。

このような前向きな「心の変化」をもたらすことが、「美容のチカラ」であり、美容室に行くことができない人にこそ、必要ではないかと感じたのです。

絶えないお礼状

同社を利用したお客様のほぼ全員から、小池さんへのお礼の手紙や、メールなどが届きます。

「先日はありがとうございました。病気になってからというもの、もう美容のことは忘れていました。やはり病気を治すこと、リハビリをすることで毎日精一杯。しかし鏡を見るたびに、自分のボサボサに伸び切った髪にうんざりし、どうせ私なんてもうキレイになれないんだと悲観的になっていました。気持ちは元気なはずなのに気持ちまで病気になってしまったようでした。

でも、たまたまネットで、と和さんを見つけ初めて訪問美容を利用してみました。どんな人が来るのだろうと心配でしたが、小池さんの笑顔にすごく安心しました。

しっかり私の要望を聞いて、それを再現してくれました。

簡単にセットできる若々しいかわいいスタイルにしてくれました。鏡を見た瞬間、私は涙と笑いが止まりませんでした。久々にかわいく変われた自分を見てうれしかった。ほんとうに心の底から笑顔になれました！　病気があってもキレイになる権利はあるんだと思います！　これからもワガママ言うと思いますが、よろしくお願いします！」


〔脳梗塞・片側マヒ、車いす生活のMさん（80代女性）からの手紙〕

「小池様　先日はカラーリングしていただきありがとうございました。

予想以上に完成してしまったので、自分の髪の色に最初見とれてしまいました……

周囲の人からは、いい色！　色誰が決めたの？　と、触ってくる人も……。鏡で感じるのは、やはり頭の軽さと明るい雰囲気でした。やってほんとうによかったです！小池さんのお陰です！　ありがとうございました！

母から、小池さんが膝の腫瘍のため入院され、リハビリも大変だったことを知りました。

多くの方を綺麗にしていた小池さんが、療養中の自分を綺麗にすることが億劫になって精神的にもよくないことを経験したからこそ、私とのメールのやりとりにも、細やかな対応をして頂いているものだとわかりました。

経験を意味あるものにする小池さんはやっぱりすごいですね。

次のパーマも楽しみです。よろしくお願いいたします！」

〔重度の右片マヒ・失語症、聴覚認知障がい、体幹不安定のNさん（40代女性）からのメール〕

サービスの特長とスタッフ育成

同社には、3つの特長があります。まず、豊富な美容メニューで訪問していることです。カットだけではなくパーマ、カラー、トリートメント、ヘッドスパなどのヘアメニュー、ネイル、エステ、ヘアメイク、着つけなどのケアメニューなどトータルビューティーのメニューを用意しています。

次に、女性のスタッフが訪問していることです。女性ならではのきめ細やかな技術と温かいおもてなしによって、心も体もリラックスして和める時間を提供しています。

そして3つめは、いつでも予約可能なことです。特に土日祝も対応することで、家族の負担を軽減し、利用者がキレイになる瞬間を、身近な方に立ち会ってもらうこともおすすめしています。

また同社では、訪問美容師をめざす一般の方のために、広く研修を提供しています。仲間たちで相互支援を行う学習スタイル、協同学習（ピアラーニング）で授業を進め、実務経験が豊富な訪問美容師が講師を務めているので、実践的なスキルが身につくことはもちろん、お客様のニーズに焦点を当てたカリキュラムが構成されています。卒業生のネットワーク体制も充実しています。活躍中の訪問美容師との接点も得ることもできますし、在学中はもちろん卒業後・独立してからも充実した支援体制を整えています。個別コンサルティング、人材紹介、ウェブマーケティング支援など、多様なサポートを行いながら、訪問美容の認知拡大に努めているのです。

ユニバーサルデザインの美容室を始動

ある高齢の女性の「外へ出かけてみたい」という声がきっかけで、小池さんは2014年にユニバーサルデザインの美容室「コミュニティサロン と和」を開きました。場所は「おばあちゃんの原宿」こと「巣鴨地蔵通り商店街」です。ユニバーサルデザインにした理由は、車いす利用者や障がいを抱えた人は、美容室・美容師の理解不足でサービスを断られてしまうことが多いからです。

「次に挙げるような人々にも、美容のチカラを提供して、笑顔あふれる毎日を広くお届けしたい」というのが彼女の志《こころざし》です。

●ご高齢の方のために……目にやさしい木のぬくもりのある室内である（多くの美容室では、若年層向けに、キラキラした装飾であることが多い）。
●要介護の方のために……室内はオールフラットで転倒しにくい構造になっている（美容室では水を使うため、段差がある美容室が多い）。
●退院間もない方のために……駐車スペースが確保されている（美容室は通常、コストのかかる駐車場は用意されていない）。
●障がいがある方のために……ほかの方の目が気にならない個室もある（多くの美容室では、理解不足により障がい者の方をお断りすることが多い）。
●妊娠中・子育て中の母親などのために……お子様と一緒のキッズ＆カットスペースの個室を確保している（美容室は通常、売上のために、カット面（鏡）を多く設置する）。

オープンの約1カ月後には、近隣の高齢者や子育て中の母親でにぎわうお店になりました。子ども専用のカットいすの「赤い車」は、子どもはもちろん、その家族にも好評で、個室でゆったりした時間を過ごしてもらっています。

初めての、車いすのお客様

「コミュニティサロンと和」のオープン後、初めて車いすのお客様がご来店くださったことがあります。80代のSさんとその娘さんでした。スタッフが、「遠慮なさらず、どうぞ、そのまま車いすでお入りください」とお伝えしたとき、お二人はとても安心した表情を見せられたそうです。

小池さんは、Sさんとその娘さんにこんなことを話されたそうです。

「そもそも私たちは、『訪問美容』という形が、自宅から出ることができない方に『最適のスタイル』だとは思っていません。むしろ、最終手段だと思っています。いちばんの理想は、外に出て、日光を浴びて、空気に触れ、人と会話して、お元気や笑顔を取り戻すことだと考えています。そのきっかけが訪問美容やユニバーサルデザインのサロンであってほしいと願っています」

すると娘さんは、目に涙をためてこう言われたそうです。

「訪問美容や、ユニバーサルデザインのサロンこそ、私たちにとってほんとうに必要なものです！　チラシでこのサロンのことを知って、このサロンの前を毎日のように通っていたんです。今日は母の具合が少しよかったから連れてこれたのですが、ほんとうにありがたく、うれしくてたまりません……！」

その場に居合わせたお客様やスタッフたちは、涙をこらえることができず、なんともやさしい空気でいっぱいでした。Ｓさんは、アルツハイマーを発症され、脱毛も進行してウィッグをつけていらっしゃいました。小池さんは、ゆっくり丁寧にカウンセリングを行い、Ｓさんと娘さんのお気持ちを聞いて、施術を始めました。

施術中、Ｓさんは「女学生のころ巣鴨に住んでいた」という思い出話を、何度も繰り返されました。それはＳさんがアルツハイマーということもあったかもしれません。でもＳさんは、心底うれしそうだったのです。

Ｓさんがサロンから帰ったあと、小池さんはバックヤードで涙を抑えきれませんでした。小池さんにとっては、車いすのＳさんの姿に、自分のおばあちゃんが重なって見えたからです。実は、このサロンのオープンのほんの15日前に、小池さんのおばあちゃんは亡くなっていたのです。

美容師になるきっかけをくれたおばあちゃん。美容室に行きたくても行けない人がいるということを、身をもって教えてくれたおばあちゃん。自分が脚の病気になったことで、訪問美容の必要性を気づかせてくれたおばあちゃん……。

脱毛のために普段はウィッグを着用されているところや、何度も同じことをくり返し話される様子が、まるで、天国からおばあちゃんがお祝いに駆けつけてくれたように思えてならなかったのです。

小池さんは改めて、亡きおばあちゃんと、お客様のSさんに、そっと心のなかでお礼を言われたそうです。

お客様の歩調に合わせて

また、こんなこともありました。

サロンに88歳になるMさんがいらっしゃったときのこと。最初は「パーマだけ」というお話でしたが、施術しているうちに話に花が咲き、「カットもお願いしたい」という流れになりました。

パーマだけであれば5千円。カットはプラス5千円なので、合計1万円のお会計でした。施術前に料金の追加は伝えていましたが、会計時には、少し手持ちのお金が足りないようでした。

Mさんは申し訳なさそうに、「家が近くなので、すぐに取りに戻ります」と言いましたが、足の状態も悪く、カートを押してゆっくり歩く姿は、誰が見ても大変そうな様子です。

小池さんはすかさず、「お店とご自宅の往復が大変だと思います。よろしかったら私も一緒にうかがいます」と、伝えたのです。Mさんは一瞬驚きつつも、小池さんの申し出を受け入れ、一緒に戻ることになりました。

自宅までの距離は、徒歩約10分。若い人なら、ものの5分もかからない距離でしょう。しかし小池さんはMさんのペースに合わせてゆっくり歩いたおかげで、道中の会話も楽しむことができました。

彼女は、このできごとを社内メールで全スタッフに共有し、スタッフ全員がそのコピーを持ち歩いているのだそうです。これも、「と和」だからこそできる、人間性の高い社風です。

労働環境の改善と雇用創出

同社には、もう一つの夢があります。それは、美容師に「やりがい」「生きがい」をきちんと実感してもらえるような労働環境の確立です。もともと美容業界には、長時間労働・低賃金といった劣悪な労働環境といった一面があるからです。

また、小池さんは雇用の創出にも取り組んでいます。有資格者であるにもかかわらず職につけていない美容師（潜在美容師）の雇用と活躍の場をつくり出すことで、多くの美容師に生きがい、働きがいを提供しているのです。

特に問題は、女性美容師のケースです。結婚や出産、育児などのライフイベントがあったり、過酷すぎる労働環境などに耐えられず、仕事を辞めていく女性美容師は多いものです。「美容が好きなのに復職できない」、そんな「潜在美容師」を応援したいと小池さんは積極的に活動しています。

最後に、小池さんの言葉をご紹介しましょう。

「私たちは、激励のお言葉と同じくらい、「そんな運営は無理だ」「きれいごとだ」という厳しいご意見もいただいています。だからこそ、私たちは、お客様の笑顔のために、精一杯がんばることだけが、みなさまの激励やご意見にお返しできる唯一のことだと思っています。私たちは、目の前のお客様、お一人お一人に向き合うことで、社会や世界を変えていきたいのです」

免許が取れても、ずっと通いたくなる教習所

株式会社武蔵境自動車教習所

教習を待つお客様に、ネイルやマッサージなどのサービスを提供したり。コンサートやお祭りなどの催しを毎月のように開催して、地域住民を招待したり。〝教習所〟の枠を超えた会社が、武蔵境自動車教習所です。既成概念を打ち破るようなアイディアの数々は、社員から自主的に出てくるのだとか。そんな「社員の自主性を引き出す風土」を育んだ背景には、労使紛争もありました。困難や逆境をプラスに転じた例が、ここにあります。

業績が〝右肩上がり〟の教習所

少子高齢化が進み、若い人の車に対する意識が薄れ、運転免許の取得率も右肩下がり……。そんな流れに逆行するかのように、年々利用者が増え続けている〝奇跡の教習所〟があります。それが武蔵境自動車教習所です。

東京都武蔵野市のJR武蔵境駅から歩いて5分のところに同教習所はあります。それほど人通りが多い場所ではありません。ところが一歩足を踏み入れると、明るいロビーの中は、笑顔の若者たちでにぎわっています。

実際、20年前の入所者は4369人で、都内では20位でした。しかし現在は年間で6719人のお客様が通い、都内で2位、全国でもトップクラスという驚異的な数字を誇っています。

なぜ、これだけ右肩上がりの成長を遂げているのでしょうか？　それは現・高橋勇会長が三代目の社長になったときに、新しい視点と方針を打ち出したことから始まります。

１００円のネイルサービスに、無料の託児所

本来、自動車教習所といえば「教育の場」と考えるのが普通です。しかし、それでは時代のニーズに応えることができないと考え、「教育産業からサービス業へ」という大きな変革を行ったのです。そして「共尊共栄」という経営理念のもと、「社員満足度の向上」「お客様満足度の向上」「地域社会への貢献」という3つの分野において、大きな変化をもたらしていきました。

面白いのは、高橋会長が経営について聞いても「この3つしかしていない」とくり返すことです。

「まずいちばん大切なのは『社員満足』。社員満足が高まることによって、『顧客満足』は必ず高まるはずなのです。私は社員を『経営のパートナー』としてとらえています。だって、売上を上げてくれるのは社員です。私は何も上げていない（笑）。私の仕事は目標設定くらいでしょう。あとは現場の人たちががんばってくれます。私は社員に『まず60点をめざしなさい』と公言しています。最初から高得点をねらわなくていい。社員にはとにかくこわがらずに、いろいろチャレンジしてほしいのです。

失敗をおそれない会社の風土があれば、社員はどんどん積極的になります。当事者

意識が高くなるからです。そうすれば、自発的に考えるようになり、気づきも増えるはず。お客様の満足度も、自然に高まります。とにかく、お客様のためなら『いろいろやる！』。それが、わが社が大事にしている精神です」

そんな高橋会長の言葉を裏づけるかのように、同教習所の建物内には「サカイパラダイス」と銘打ち、さまざまなサービスが展開されています。それは教習所ではさけられない「空き時間」を、有効活用できるものばかりです。

たとえば、わずか１００円で受けられる「ネイルサービス」「美容と癒しのセラピー」「カラーセラピー」といったサービスの提供。「メイク教室」「ヘアアレンジ教室」など女性に喜ばれそうな体験レッスン。また子育て世代の親たちに向け、「キッズルーム」といった無料の託児所も設置しています。それは「一生の思い出づくりになるサービスを提供したい」という同教習所の思いの結晶なのです。

お客様の「卒業アルバム」に込めた願い

「免許を取ったら、おつきあいは終わり」といった教習所が多い中、「一生つきあえる教習所でありたい」との思いから「アフターフォロー」も充実しています。免許を取ってから運転する機会がすぐにないお客様もいます。そんなお客様のために「２時限無料乗車券」をお渡しして、運転技能をいつでも学ぶことができる機会を提供しています。さらには「無料車両貸出し」まで行っています。これは卒業した方を対象に、自主練習用に、補助ブレーキつきの特別車を無料で貸し出すといったものです。ほかにも卒業後でも無料で学科講習が再受講できたり、全国交通安全運動に合わせて「安全運転講習会」なども用意されています。

さらに同教習所は、全教習生に「卒業アルバム」を作成してくれるシステムになっています。これは現在の社長である高橋明希《あき》氏が「お客様にとって一生の思い出に残る場所にしたい」という思いからできあがったものです。免許を取る際に6枚の写真を撮ります。その際、1枚予備として余ってしまうことがあります。「余った写真は卒業アルバムにしたらどうでしょうか？」という社員からの提案で実現しました。

このような「思い出に残る場」を提供することによって、紹介やクチコミがどんどん広がっていったのです。

「共尊共栄」という理念

社員の意識についてもさまざまな改革を行いました。

「共尊共栄」という経営理念のなかでは「ともに認め合い、感謝し合う」ということを目標に掲げています。その一つに現在「ありがとうカード」というカードを社員同士やお客様に渡すということが行われています。何かをしてくれた人にはどんなに小さなことでも感謝の気持ちを伝えるために「ありがとうカード」を渡すというものです。現在、月に8千枚もの「ありがとうカード」がやりとりされています。このカードによって、「もっと周りの人に感謝しよう」と素直に仲間やお客様に感謝の気持ちを表現できるようになっていきました。そして、それとともに「自分自身も周りから認められる存在になろう」という意識も強く持つようになったのです。

地域社会との「共尊共栄」もとても大切にしています。

毎年夏に行われるサマーフェスティバルは、教習用のコースで花火を打ち上げるといったイベントです。地域からお客様が来場します。また年末には餅つき大会を行ったり、秋にはフリーマーケットを開催。毎月のミニコンサートなどの収益金は、チャリティーとして寄付しています。ほかにも中学生の職場体験など、地域に根差したイベントを毎月のように行っています。

このように、お客様や社員はもちろん、地域社会全体のことも忘れず「思い出になる場」を提供することによって、同教習所は大きな変革を遂げているのです。

「一生の思い出になる場づくり」への挑戦

現在の高橋社長になってから、さらに強調されたのが「お客様の一生の思い出をつくる会社」というビジョンでした。同時に、次の目標も掲げています。

①わが社は社会に貢献し、なくてはならない企業となる
②わが社は常に革新・改革を行い、最高のサービスを提供する
③わが社は仕事を通して〝人財〟を育て社会に貢献する企業となる

高橋明希社長は1976年生まれの四代目です。世間的に見ると「世襲で跡を継いだ」と思われるかもしれません。しかし、彼女が社長に就任したのには、大きな決意があったのです。

高橋社長は「あなたは働かなくてよいから、花嫁修業をしっかりして、幸せな家庭を築きなさい」と親に言われて育ちました。しかし大学を卒業後、「やはり働き、1万円の価値を知りなさい！」と、父親から叱咤激励され、自社とはまったく別の、とある教習所で働き始めたのです。その教習所では受付から始まり、教習インストラクター

まで務めました。そしてその後に現在の武蔵境自動車教習所に契約社員として入社したのです。同社でもいろいろな職種を経験するなかで、営業職を経験する機会がありました。その営業職が髙橋社長の大きな転機となりました。営業の仕事が毎日楽しくて仕方なかったのです。

そしてその最大の転機となったのが、ある研修会でのことでした。今後のビジョンを考えるなかで、髙橋社長の心のなかにはある決意が湧いてきたのです。それは「経営者になる！」という決意でした。そのとき周囲はほんとうに驚いたと言います。しかし周りの声に惑わされることなく、髙橋社長は経営者という道を選択したのです。髙橋社長が特に強調するのが「恩返し」という言葉です。

「私が生まれる前からこの教習所はありました。この教習所があってくれたからこそ今の自分があります。その恩返しのつもりで、お客様にも社員にも『一生思い出に残る場づくり』に挑戦していきたい」と言います。

労使の激しい衝突と、二代目社長の死

実際のところ、同教習所がここまで事業を拡大するまでには困難がいくつもありま

した。その一つが1988年6月に労働組合が結成されたことでした。組合員は毎日、同教習所内でビラをまき、労働組合のアピールがくり返されていました。

その裏では、組合執行部のメンバーが、創業者でもあった吉野七郎社長に対し「絶対に譲らない」という強硬な姿勢で交渉を重ねていたのです。

そういった交渉の日々が続きました。翌年1989年4月1日早朝、吉野社長は突然、臨時株主総会を開催しました。そして総会のなかで、一方的に社長退陣を出席者に告げたのです。吉野社長の退陣の後、社長として経営のバトンを渡されたのが現高橋会長の叔父で、当時専務の力男氏でした。

翌日2日、組合執行部との間で、春闘の団体交渉を行うことが決まっていたのです。交渉の大荒れは間違いのない状況でした。

社長に就任した力男氏は、午後に控えた組合との交渉をどう解決するか、必死に考えたのです。そしてその日の昼食後、力男氏は中央線の踏切に飛び込みました。「自分の死をもって、労働組合と緩衝できれば」という一念だったのです。

力男氏の亡き後に、社長に急きょ就任したのは、現在の高橋会長です。高橋会長は当時を、こう振り返ります。

「叔父の死を通して、『ここまでしなければいけないのか』という思いと同時に、経営というものの〝残酷さ〟も痛感しました」

しかし、それで労働組合との交渉が落ち着いたかといえば、そうではありませんでした。

組合側が交渉を急いでくるなかで、高橋会長は「叔父の初七日が終わるまでは交渉をなんとか待ってほしい」と申し出るほどでした。

何度も話し合いを重ねた結果、二者択一となりました。それは「今後も会社を継続するか」それとも「会社を閉鎖するか」という2つの選択肢。しかし、話し合いを重ねても結論は出ないまま、時間は過ぎていきました。

忍耐の先に訪れた、労使の「雪解け」

そんなある日、高橋会長が外を眺めていたとき。外ではある一人の社員が、教習車を洗っていました。その光景を見た瞬間、高橋会長の心のなかにある変化が起こったのです。

「組合員も社員なんだよな。よし、もう一度自分を信じてやってみよう！」

それは、やはり「労使が一体となって会社を盛り上げ、みんなで豊かになっていけるような関係を築いていきたい」という建設的な決意でした。その日から労働組合との団体交渉の席はもちろん、教習所内でも日々、労働組合幹部を見かけると気さくな感じで声をかけ続けたのです。さらには組合で食事会があると聞くと、会長自らが駆けつけて「みんな仲よくやろう！」と言い続けたのです。

その強い思いはだんだんと周りに伝わっていきました。

同年8月のある日のこと。労働組合を立ち上げた吉田不二夫執行委員長から「社長、上部団体を抜けてきました」という報告がありました。それはどこにも所属しない「単独の労働組合」になったことを意味します。

高橋会長は「これでようやく労使一体の実現が可能になった」と安堵しました。後日、吉田委員長は、自身の行動の理由を「同じ会社の仲間の生活を豊かにしたかったから」と明かしたそうです。それは高橋会長と同じ考えでした。その吉田氏は現在、所長として同教習所の欠かせない存在になっています。

心を尽くせば、地域住民ともわかり合える

しかし困難はこれだけではありませんでした。

1991年のこと、仕事帰りの人にも門戸を開こうと「夜間教習」を始めたことがありました。東京の教習所のなかでも先進的な取り組みで、午後7時だった終業時刻

を、午後9時にまで延ばしたのです。

しかしそのとき、近隣住民から反対の声があがったのです。

高橋会長が地域住民との説明会に出たとき、多くの「苦情」に近い声が寄せられました。

「夜まで車を走らせるなんて。1日中騒音に困っている」

「排気ガスが多く、洗濯物が汚れて困っている」

高橋会長は「もうダメなんじゃないか……」と覚悟をしかけました。

しかしある女性が、こう発言したのです。

「みなさん、苦情ばかり口にするけど、武蔵境自動車教習所さんは、私たち住民のために餅つき大会や花火大会をやってくれていますよ」

すると、ある男性も「そうですよ。教習所があるおかげで家の前に大きなマンションも建たないし、それで日当たりもよくなっていますよ」と言い、それをきっかけに会議の雰囲気や流れは大きく変わったのでした。

このときのことを高橋会長は「経営者は逃げてはいけない」と肝に銘じたといいます。人まかせにせず会長が自ら矢面に立ったことで地域住民の理解も得られたといえるでしょう。

このように地域住民の理解を得て、夜間教習が始められるようになりました。翌年の1992年には女性の教習インストラクターも採用し、女性のお客様からの評判も高まりました。

同教習所では、地域住民を対象にしたチャリティーイベントで得た収益は、全額を地域の児童養護施設に寄付しています。「地域とともに歩みたい」という高橋会長の意識の表れと言えるでしょう。

他人への献身は、自分の成長や自己実現につながる

高橋社長の思いは、社員にもしっかりと浸透しています。

同教習所の向かいにIさんというおばあさんが、一人暮らしをしています。Iさんは、週に何度か同教習所のロビーをふらっと訪れ、くつろいでいることがあります。もちろん教習を受けるわけではありませんが、そんなIさんを追い出そうとする社員はいません。それどころか社員のAさんは、「手紙は書かないけれども読むのは好き」というIさんと会話を楽しみ、ときどき手紙を渡して喜ばれています。

Aさんはほかのお客様から、こうほめられることがあるそうです。

「わざわざ時間をかけて手紙を書いて、教習所に遊びにくるおばあちゃんに渡すなん

てすごいね」

なぜ仕事以外の時間のなかで、そこまで時間をかけて何回も手紙をIさんにお渡しするのか？　そこにはスタッフのAさんのさまざまな思いがありました。

Aさんは以前、母親と姉妹、そしてある事情で血のつながりのない祖父の4人で暮らしていました。母親が多忙ななかで、Aさん姉妹はそのおじいさんに育てられたという経緯があります。

ところが数年前のある日、そのおじいさんが急に倒れ、意識を失ってしまったのです。結局、おじいさんはそのまま意識が戻ることなく静かに息を引き取りました。Aさんは病院で意識のないおじいさんの姿を見て「どうしてもっと素直になれなかったのだろう」と何回も何回も後悔したのです。

Aさんのおじいさんは元気なころ、よくAさんに「握手してくれ、肩をたたいてくれ」と求めてきました。でもAさんの心のなかには、何となく気恥ずかしさもあって「今、忙しくて時間がないから」などと断っていたそうです。そんなこともあって、意識のないおじいさんの姿を見て激しい後悔でいっぱいになってしまったのです。Aさんの心のなかには「自分のおじいさんへの償いになることができれば……」という思いがずっとありました。そんななかで武蔵境自動車教習所の理念でもある「共尊共栄」

という考えが後押しとなり、Aさんの思いの込もった行動が生まれたのです。

Aさんは、「Iさんはじめ、地域のみなさんへの恩返しが、自分の祖父への恩返しにつながっているんです」と明かしてくれました。

「お客様の一生の思い出づくりをサポートする」というスローガンは、お客様はもちろん、社員の成功や自己実現にもつながっているといえるでしょう。

人財育成で、「100年企業」をめざす

現在、同社にはそのような地域交流を統括する「地域交流室」という部署が設置され、専任の社員が活動しています。その経緯を、髙橋会長はこう説明してくれました。

「私が社長になった年から、いわゆる地域貢献的な活動を増やしました。花火大会はもう27年も続いています。しかし、それは私に立派な理念があったからではありません。狭い一企業のなかで、労使の紛争に追われるだけではダメだ、もっと外に目を向けなくてはと感じたからです。社会をよくしたいという崇高な理念が最初にあったわけではないのです」

髙橋会長は、そう自嘲してみせます。けれども、その言葉は照れ隠しにすぎないでしょう。なぜなら、髙橋会長には地域社会貢献の青写真があるからです。

「次世代の若年層や子どもたちが過ごしやすい世のなかをつくっていきたいのです。教習所の運営と、かけ離れていると思われるかもしれませんが、そうではありません。ここに通ってくるお客様を見ているだけでも、疲れている人が多いように思うのです。具体的には、地域の子育て支援、たとえば保育にまつわるようなサービスに携われたら、どんなに幸せだろうかと思います。子育て支援の本質は、子どもの支援でもありますが、実はそれ以上にその両親を助けることにあります。子育て世代のご両親が疲れきっていて、子どもたちが幸せになれるわけがありません。私たちにも、できることはきっとあるはず。そう考えると、まだまだ引退できません（笑）」

そんな父・高橋会長の言葉を引き継ぐかのように、高橋社長は、こんな目標を教えてくれました。

「私たちは100年続く企業をめざしています。私が描くビジョンは、お客様や地域、社会にとってなくてはならない存在となることです。時代や環境の変化に柔軟に対応していくためには、よい人財（※本書では、「人を大切にする」という気持ちを込めて、こう表記します）を育てることが何より大切と考えています。そのためにも、楽しく仕事ができるような職場を実現したいのです」

キャリーバッグは体の一部。寄せられるお礼のメッセージは、年間3千通超

株式会社スワニー

キャリーバッグの製造メーカー、スワニー。
「楽に移動したい」という夢は、既存商品のトレンドまで塗り替えました。
成功のカギは、事業を推進した立役者も開発者も、障がいを抱える人たちであること。
当事者ならではの思いが、シニアを中心に潜在的なニーズを掘り起こしたのです。
商品が、世に受け入れられていく過程には、誰もが大きな共感を覚えることでしょう。
文字通り、弱者の心と体に寄り添う製品をつくる社会貢献型の会社です。

年間3千通超も寄せられる「サンキューレター」

ガラガラ、ゴロゴロ……。

まちを行きかう人が、4つの車輪つきのキャリーバッグを携える光景は、今では珍しくなくなりました。日本でこの4輪キャリーバッグを誕生させたのが、四国は香川に本社がある株式会社スワニーなのです。第1号の商品は1997年に売り出されました。

当時のキャリーバッグは、車輪が2つの「引きずるタイプ」が主流でした。しかし最近では4輪で、「体の横で押して使うタイプ」が一般的になっています。このトレンドをつくり出したのがスワニーです。

2輪のように引っぱらなくても、4輪ならバッグに体重を預けることで、楽に前進できる。つまり、女性や高齢者でも、軽い力で荷物を運べるようになったというわけです。

それから17年がたち、今では同社でキャリーバッグを買い求めたお客様から、年間6千通も「アンケートはがき」(商品につけられているもの)が戻ってくるようになりました。そのうち約3千通が感謝の気持ちをしたためた「サンキューレター(お礼の気持ちを述べたもの)」で、なかには個人的な事情を明かすようなものもあります。

「高齢になると膝が痛くなったり外出するのもおっくうになるところ、スワニーのバッグを使ってからこんなに便利な商品があるのだろうかと感激しております。デザインも年寄り臭くなく、オシャレでお出かけするのが楽しいです。高価ではありますがそれだけ値打ちのある商品だと思います。

また次々と新しい商品が発売になるのでうれしく思っています。

こんなすばらしい商品を開発してくださった開発者の方にお礼をお伝えください。これからもずっとスワニーを利用したいと思っています。困っている人のために生きたいと思っていましたので、こんなによい商品を知らない人に教えて回りたいと思います」

「私は大震災の前の年購入し、震災時には給水を運んだり、デコボコした道も重い荷物をこのカバンでの移動が思ったより楽にでき、ほんとうに〝大当り〟のバッグだと感謝しております。現在引き手が不良になり、修理をお願いの際より、グレードアップして2つ目を購入、大切に使います」

「ずっとほしかったキャリーバッグと出会えました!! 出張のときに使いましたが、軽い、動きやすい、肩がこらない、杖代わり、いす代わりになり、すごくよかったです」

お客様が商品に感動し、それがクチコミとなって伝播しているということが伝わってくるメッセージです。「キャリーバッグ」が、なぜこのような感動をお客様に引き起こしているのでしょうか。それは「支えるバッグ」というこの商品の開発目的にあるのです。

そもそもこの商品は、「重い荷物を持っても楽に移動でき、しかも杖代わりになる」というコンセプトで誕生しました。そして「ウォーキングバッグ」と名づけられました。

アメリカでの商品との出会い

同社の沿革を振り返ってみましょう。同社のある香川県東かがわ市（旧「白鳥村」）は、明治以来の手袋産業の集積地です。

1937年、その旧白鳥村に、故三好富夫氏が個人創業したのがスワニー社の始まりです。1950年から、同社は手袋一筋で事業を成立させてきました。「ウォーキングバッグ」生みの親である現会長の三好鋭郎氏は高校卒業後、同社の前身・三好繊維工業株式会社に入社しました。

手袋産業は、昭和初期から海外市場開拓が熱心に取り組まれてきた業界でした。同社も、海外輸出を積極的に展開していました。今ではアメリカでスワニーブランドのスキー手袋はトップブランドとなっています。三好会長も若いころから自社の商品の販路拡大のため、世界行脚をするようになっていったそうです。

その際は、たくさんの手袋の見本商品を帯同してセールスをしてくる必要がありました。大きなトランクに商品を入れての移動は、骨が折れることだったそうです。

三好会長は、1960年代に出張先のアメリカのかばん屋で「車輪つきトランクケース」を購入して、その快適さに心が躍ったと言います。そして、「トランクを小さくして伸びる取っ手をつけたら、いい商品ができる」という夢を持つようになりました。

ウォーキングバッグ開発につながった原体験

三好会長は生後6カ月のとき、伝染病にかかり高熱を出しました。そのときに右足が立たなくなってしまったそうです。医者は小児麻痺と診断し、以来、右足が不自由な人生を歩んできました。そのため「いかに楽に移動できるか」ということは、〝人生の一大テーマ〟であったのです。

「今は世のなかにはないけれども、移動に困っている人の支えになるようなバッグをつくり出そう」

三好会長はそう決心していましたが、本業の手袋事業をこなすのが精いっぱい。なかなかバッグ開発の夢には取りかかれないまま、月日が流れていきました。

手袋産業は１９９１年に出荷額６００億円と最盛期を迎えましたが、その後は斜陽となり、現在では３６０億円と約６割の市場規模となっています。

市場の衰退はいかんともしがたく、「このままでは持続可能性が低い」と判断した同社は、かねてより構想していたキャリーバッグの製造を事業として行っていくことに踏み切ります。１９９４年、三好会長はすでに54歳となっていました。

商品開発は、見よう見まねの試作品づくりから始まりました。キャリーバッグの業界では「トラベル用」が主流ですが、三好会長のめざすのは「日常生活で使われる、杖代わりのバッグ」です。そのため、後ろで引きずるのではなく、体の横にあって押しながら体を支えてくれることが要件です。当時そのようなものはありませんでしたから、試行錯誤するほかなかったのです。

一意専心で窮地を克服する

課題が次から次へと出てきました。特になかなか解決できなかった問題が「体を支えたときに倒れない、安定した握り手の開発」と「自由自在に動く車輪の機能性を高めていくこと」でした。「一意専心」（ひたすら一つのことに、心を集中させること）を座右の銘にしている三好会長は、商品開発に徹底的にこだわり、現場の設計者との打ち合わせに、上海へ80回以上も出張し、納得できるまで追求したということです。

ようやく1995年、「ウォーキングバッグ」の前身のキャリーバッグを発売しました。最初はなかなか売れませんでしたが、お客様からの反響が、励みになりました。

「より完璧に近く、体の支えになるものができないか」

三好会長は、商品づくりの探求を続けていこうと決意したのです。

しかし、投資額があっという間に2億円となったことを受けて、当時の経営幹部たち全員が「これ以上の開発投資には反対だ」と三好会長に詰め寄りました。確かに、会社全体の経営としても累損4億円という危機的状況にありました。幹部たちが親身になって反対意見を進言していることがわかり、三好会長は悩みに悩みます。しかし「世のなかには自分と同じように足が不自由な人間がたくさんいて、そうした人たちには絶対に必要な商品である」という思いが心から離れないのでした。

「天は越えられないほど大きな荷物を与えてはいない」

三好会長は、子どものころから医者通いの人生を送り、母親に「この体で、この子は一生食っていけるのだろうか」とずっと心配されてきました。小さいころ、足を引きずっていると心ない周りの子どもたちから「ついてこれるか」などと、からかわれることも数知れず。さらには高校時代、大失恋を経験します。恋が成就しなかった理由は「自分が障がい者であったから」と今でも感じているそうです。やけになって家出をした三好会長を連れ戻した両親は「心の修養をしてほしい」と、彼を40日間の修行に送り出します。そこでの教えが、三好会長を開眼させていきました。

「天は越えられないほど大きな荷物を、人に与えてはいない」

こんな気づきを得た三好会長は、思い通りにならない自分の足に、感謝の気持ちを抱くようになります。

「足のことで苦しんだおかげで、世のなかに役立つものを生みだせるようになる」

「障がいによって、あきらめない精神が磨かれ、忍耐力がつく。障がいがプラスになって返ってきた」

こう考えるようになっていったそうです。

「足が不自由な人たちのためのバッグを世に送り出したい！」

自身の思いを絶ち難い三好会長は、「たとえ経営幹部が全員辞めたとしても、自分の志を貫き通そう」と決めました。

ブレない思いが生んだ「湾曲ハンドル」

そんな思いで商品づくりをしていた三好会長に、ある啓示がありました。

「体の支えになるほど安定した取っ手づくり」につながるものです。

１９９６年10月。上海に出張し、商品開発のために議論し、クタクタになってホテルへ帰ってきました。その明け方、「湾曲ハンドル」というひらめきを得たのです。

「取っ手を支えるパイプをかばんから引き出したときに、かばんの側にカーブするような湾曲型になっていることで中央の位置にパイプがなくても安定感が増し、体を支えつつ楽に歩けるようになる」。

この啓示をもとに、ハンドルを改良し、車輪に消音対策を施し、１９９７年、ついに「ウォーキングバッグ」が販売となりました。

三好会長渾身の良品ができあがったものの、「ほんとうにキャリーバッグが杖代わりになり、体を支えてくれるのか」「いったい、どの程度安全な製品なのか」と社会が信用してくれません。そこで三好会長は、バッグにつけるタグを自身がウォーキングバッグに支えられている写真入りの大きいものに変えてみました。すると、小売店で消費者が目を向けてくれるようになったのです。これで風向きが変わり、やがてバッグ事業の採算性も取れるようになり、経営幹部たちの反対の声も静まっていきました。

今では、50億円弱の同社の売上に占めるバッグの割合は、25%にまで進展。利益構成は「手袋：バッグ＝6対4」となり、同社の持続可能性を高める事業となったのです。

お客様からの手紙は〝宝の山〟

商品が売れ出すとともに、購入者からの手紙も増えるようになりました。前述の通り、今では年間6千通にものぼります。三好会長はそのすべてに目を通しています。実際、お客様から届く封書やはがきには、1通1通に「三好」という印鑑が押されていました。三好会長いわく「戻ってくるアンケートはがきから、コミュニケーションが始まる」とのこと。また問い合せや要望など、返事を要するものには必ず3日以内に回答するのが同社のゴールデンルールとなっています。
　お客様からの手紙には、感謝の言葉に加えて、実際に使ったユーザーならではの改良意見も多く届きます。手紙にあった意見から生まれた商品も、少なくないそうです。たとえば「ハンドバッグにキャスターをつけるアイディアなどは、お客様からの意見がなかったなら実現できなかった」と三好会長は回想します。お客様からの手紙は、いわば〝宝の山〟。予期せぬことでしたが、お客様の声に助けられて、どんどん用途開発ができてきているのです。なかには、こんな印象的なメッセージもありました。

「杖をつくのが恥ずかしいから出不精になっていたんですが、
いまは散歩に行くのが楽しみでたまりません」

　同社へ手紙を寄せるお客様の約8割は女性。それも60～70代が多くなっています。前述の手紙にあるように「いくつになってもおしゃれに気を遣って歩きたい」と願う女性は、多いことでしょう。そんなニーズに同社のバッグはマッチしたのです。
　あるとき、取引先の小売店から「バッグのデザインをしているのは男性ではないのか」という問い合せがありました。「購入者は女性が多いのだから、女性目線でデザインをするようにしたほうがもっといい商品開発ができるのでは？」という進言でした。

そこで三好会長は、女性に商品開発に携わってもらうようにしたのです。

商品開発を担当した一人、Wさんは、母親が障がい者。そして自身のお子さんも、重い病気を患い命を落としたという、つらい経験を持つ女性です。Wさんは「民間企業で、ユニバーサルデザインができるような仕事に就きたい」と就職活動をしていたのです。

入社当初のWさんは、商品企画とは畑の違う仕事をしていましたが、会社側が「女性の商品開発担当者を配置しよう」ということになり、白羽の矢が立ったのです。

「企画の仕事は初めてだけれども、女性の立場と、障がい者の家族という立場であればいい仕事ができるかもしれない」

Wさんはそう考えて、人事異動を受け入れました。これは会社側が、社員一人一人の思いを把握できているからこその、柔軟な人事だったと言えるでしょう。

「体の一部になった」と、お客様に感謝されるバッグ

Wさんは、目を輝かせてこう語ってくれました。

「『支えるバッグ』と言っても、体を支えるだけではなく『ライフスタイルをも支える

商品づくり』にこだわっているのです。家から出られなかった人が10歩外に出られるようになり、それが１００歩になり、そしてあきらめていた海外旅行に出かけられるようになる。そんな人生や、生活を支える商品を届けたいという思いで商品開発に取り組んでいます」

また、お客様からの手紙のなかには「バッグを『連れ歩いている』とか『名前をつけている』と書いてあるものもあるそうです。もはやバッグが「もの」ではなく、「体の一部」になっているのです。

障がい者の視点から商品開発を行う

三好会長は、自身の体験も踏まえ、「〝体の不自由な人に役立つ商品づくり〟は、やはり体の不自由な人間でないとできない」と考えています。ソフト面でのデザインは障がい者に理解のあるWさんを起用しましたが、「設計段階では、当事者である障がい者の方に仕事をしてもらいたい」と考え、交通事故で股関節に障がいを負った技術者・Dさんを雇用しました。Dさんは、前職で障がいがあることをオープンにせず就職して、それが原因でストレスとなり、離職せざるをえなかったという苦い経験を持っていました。「今度の就職では、自分の障がいを隠さず、それを受け入れてくれる会社で働こう」と決意して、求職活動をしていました。

条件を見ると、前職で培ったＣＡＤ（コンピュータを用いて設計すること）の技術がそのままいかせると感じたＤさん。同社にとっても「足が不自由で設計ができる」というドンピシャに求めている人財でした。まるで神様に引き寄せられたように、同社とＤさんは出会ったのです。

彼は「障がい者に便利な商品は、健常者にも便利であるに違いない」という思いで仕事を進めています。商品開発では「強く軽量に」という視点を、常に意識するということです。そして、こんなこだわりも教えてくれました。

「支えようとしすぎるバッグの場合、かえってつまずきやすくなってしまうのです。だから、体の一部になるような商品づくりを心がけています」

製作者の思いが、見事に消費者に伝わっていると感心させられました。

お客様の言葉を、担当者本人にフィードバック

現在、同社の経営を切り盛りしているのは、三好会長の娘婿である板野司社長です。ウォーキングバッグを「動く手すり」と形容する板野社長は、急成長をめざすのではなく、苦心して生み出した自社ブランドの優位性を、これからも保つことを心がけ

ています。「くれぐれも目先の売上に心を奪われてはいけない」と肝に銘じているそうです。

そのために、取引先との関係をとても大事にしています。たとえば、お客様からの手紙についても、「商品をほめられるより、接客した小売店のスタッフさんがほめられているものに目がいくし、それがありがたい」と言います。こんな手紙もあります。

「商品をしっかり説明してくださる店員さんがいらっしゃったのと、私の希望する商品だったので購入させていただきました。これからも便利な商品を開発してください」

「辞書や水筒、弁当など重くてショルダーバッグで肩を痛め、医者にリュックもよくないと言われて購入しました。店員さんの親切なアドバイスで型を決め、帰りは早速使用し、明日の句会が楽しみになりました」

「お店の方の説明がよく、前からほしいと思っていたので買いました。車の回りがよく静かで軽いのでとてもいいです。キャスターの取り替えもできると聞いてすごく便利だと思いました。みんなもオシャレでいいと言ってくれました」

板野社長はこのようなお客様からのおほめの手紙は、その店やそのスタッフに、もれなくフィードバックしているとのことです。もちろん、直接の雇用関係にない取引先のスタッフさんのことですから、そこまでするのはとても手間がかかることですが、それにより絆がますます固くなっていくであろうことは想像できます。

会社は「社員のもの」

現在、同社では「社員持ち株制度」を導入しています。しかし、それは決して上場することを前提としているわけではありません。同社では「社員＝株主」なのです。スワニーは「会社はみんなのものである」という理念を、はっきりと打ち出しているのです。

あえて上場をしない理由として、板野社長はこう話します。

「上場を意識すると。日々数字に追われる仕事になり、『目的経営』ではなく『目標経営』になってしまいます。それでは社員に申し訳ないでしょう」

2013年、スワニーは「第2回四国でいちばん大切にしたい会社大賞（中小企業基盤整備機構四国本部長賞）」を受賞しました。同社はお客様の人生だけでなく、地域や社員まで輝かせるすばらしい経営をしているのです。

さようなら、下請けのまち工場

株式会社浜野製作所

ものづくりのまち、東京・墨田区で、特に精力的な存在として知られる浜野製作所。
「産学官」の連携や受賞歴など、とかく話題にことかきません。
最近では「まち工場」の枠組みを超えたビジネスモデルも創出しています。
〝武勇伝〟を生み出し続ける秘訣は「思いを形にする」という心意気でしょう。
また「1回限りの受注にも魂を込める温かさ」が、同製作所にはあります。
世のなかが進んでも、「人情味あふれる企業風土」は、感動を生み出してくれます。

障がいがある娘への贈りもの

ある日、浜野製作所の浜野慶一社長が営業から戻り、メールをチェックすると、珍しく個人からのメールが入っていました。内容は「既存の鉄パイプの加工と、新たな鉄パイプの加工をいくつかお願いしたい」という一風変わった依頼でした。

その後、メールの差出人から、電話が入りました。声の感じから、年齢は30代半ばとおぼしき男性で、非常に暗い口調が気になります。個人のお客様の場合、納期についてはアバウトな場合が多いのですが、その男性は、「〇月〇日」と納期を明確に、しかもピンポイントで指定してくるのです。よくよく聞いてみると、「今度6歳になる娘の誕生日に、加工した鉄パイプをプレゼントしたい」ということでした。

（鉄パイプをプレゼント……？）

話の流れがうまくつかめない浜野社長は、さらに話を続けます。電話をしてきた男性は、3人家族で、子どもは娘さんが一人。「娘を目に入れても痛くないくらいかわいい」と明かしてくれました。しかし、自身の不注意もあって、娘さんが不幸にも不慮の事故で歩けなくなり、車いすの生活を強いられることになってしまったのです。悲しみのどん底にいながらも、「自分の体と引き換えてでも、娘にもう一度歩いてほしい」という思いにかられて、いくつもの病院を回ったそうです。

そのなかで「娘さんはまだ小さいので、毎日のリハビリで歩けるようになるかもしれない」と言ってくれた病院があり、父親は「娘と一緒にがんばりたい」と思ったそうです。そして、その病院の先生に「娘さんが使用中の介護用ベッドの手すりを、改造することから始めてはどうか」と提案されたのでした。

父親が納期に強くこだわっていた理由は、こうでした。

「娘の6歳の誕生日にリハビリ用のベッドに装着するパイプをプレゼントしたい。そのときに、言いにくいことではあるけれども、『歩けるようにパパと一緒にリハビリしよう』という自分の思いもしっかり伝えたい」

父親は同製作所に連絡を入れる前に、ベッドを買ったお店や、ベッドのメーカーに改造の相談をしたのですが、すべて断られたと言います。ネット検索をくり返し、ようやく同製作所のホームページにたどりついたのだそうです。

仕事の意義を、改めて感じた社員たち

「こんな手間ひまかかる仕事を受けてしまったら、ほかの仕事にも悪影響が出るだろう」浜野社長はそう考えながら工場に入り、社員たちに声をかけました。

先の父親からの電話の一部始終を話し、「どうする？」と聞いたところ、そこにいた全員がみなうなずきながら、「社長、やりましょう」と答えてくれたのです。しかし、仕事の手がかりとなるのは、父親がメールで送ってくれた簡単な絵だけ。いくら熟練の職人たちでも、それだけでは取りかかることができないので、担当者はその父親と何十回も仕様についてのやり取りを続けました。

「女の子の身長はどれぐらいか」「右利きか左利きか」「直角になる部分は角張っていると危険だから、丸味をつけたほうが安全だ」「もしかしたらすべる可能性もあるから、この部分はもう20ミリ伸ばしたほうがいい」

社員たちは、その父親と娘さんが手をつないで散歩している姿を思い浮かべながら、作業に励んだそうです。ときには「朝まで徹夜」という日もありましたが、なんとか女の子の誕生日の午前中までに製品を完成させ、午後に届けることができたのです。

次の日の朝、その父親からメールが届いていました。

「浜野製作所のみなさまへ

ありがとうございました。実を言うと、浜野さんのところでつくってもらったものがあるものの、渡そうか渡すまいか直前まで悩みました。

一人娘であるということ、障がいがあるということ、歩けないということ、その責任は自身にもあるということ、そういう理由もあり、娘を甘やかせて育ててしまい、おもちゃとか買いたいというものは限りなく買い与えていました。

しかし今回の誕生日のプレゼントは渡すのを迷いました。

『いらない！　パパ約束が違う、こんなの誕生日のプレゼントじゃない。ままごとセットがほしいって言ったじゃない！　リハビリなんかやらないし、そんなのいらない！』そうひっくり返されてしまうのではないかと心配で不安で、直前まで悩んでいました。けれども、浜野製作所のみなさんが、ほんとうに一生懸命つくっていただいたものだから、自分のなかで勇気を振り絞って、自分の思いを正直に一生懸命伝えました。

『これが今年のプレゼントだ。パパと一緒にがんばろう』と言うと、6歳になる娘が、大きな瞳に涙をためながら『パパありがとう。パパありがとう』と言って、抱きついてきてくれたんです。浜野製作所のみなさま、ほんとうにありがとうございました」

〝思いを形にする〟というものづくりの原点

浜野社長は、こう語ります。

「うちは、いわゆる下請仕事しかやってこなかった会社なので、自分たちのやっていることが、どういった形で人様のお役に立てているのか、正直なところよくわかりませんでした。日々、ありがたいことに仕事があり、常に納期に追われ、目の前にある仕事を淡々と処理することに精力を注いでいて、お恥ずかしい話ですが、広い視野を持って、自分たちの仕事について考えたことなどなかったのです。

けれども、そのお父さんからお礼のメールをいただいたとき、われわれみたいなこんな小さな会社でも誰かの役に立つことができる、喜んでもらうこともできる、僕らの仕事ってなんてすばらしい仕事なのだと、心底思えたのです。社員たちにもそのメールを回覧しましたが、彼らも、仕事に対する喜びや誇りを感じてくれたようです」

一般的に中小企業の場合、個人から依頼されるような仕事など、請けないことが多いものです。しかし同製作所は、たとえお客様が一人であっても、採算度外視で取り組み、人を幸せにするという根本的な〝仕事〟の精神を大切にしています。

工場全焼をきっかけに生まれた経営理念

先のエピソードに代表される社員の行動は、経営理念が、社員全員に浸透していることの表れとも言えるでしょう。それは、『おもてなしの心』を常に持ってお客様・スタッフ・地域に感謝・還元し、夢（自己実現）と希望と誇りを持った活力ある企業をめざそう！」というもので、全スタッフがそらで言えるそうです。

この経営理念には、2000年6月に起きた、もらい火による火事で、工場が全焼したときの思いが込められています。同社のキーワードは「お客様、スタッフ、地域」の3つです。

同製作所は、1978年に墨田区八広で父親の浜野嘉彦氏が創業した金属加工のまち工場でした。1993年、浜野社長が28歳のときに先代の父親が亡くなり、会社を継ぎました。この3年後に経理をやっていた母親が病気で亡くなり、その数年後2000年の6月30日に、両親から譲ってもらった工場が隣からのもらい火で、なんと全焼してしまったのです。

火事が起こったのは、まだ午前10時ごろでした。出火後すぐに、浜野社長はあることに気がつき、近くの不動産屋に駆け込みました。そこで浜野社長は、まったく初対面の不動産屋の社長に、こう頼みます。

「うちは板金工場を経営している。隣から火が出ていて、あの勢いだとうちも全焼してしまう。どうしても今日の午後に出荷しなくてはいけないものが取り出せず、そのままになっている。お客様に迷惑をかける前に、どこかの工場をすぐに貸してくれないか」

不動産屋の社長はすぐにほうぼうに電話し、元皮革工場だったという物件を紹介してくれました。

そこの女性オーナーも、見ず知らずの浜野社長に「前金も契約もいらない、とにかくお困りなんだから今から使いなさい」と温かく接してくれたのです。また鍵をすぐ渡したうえに、軽食まで出してくれたりと、細やかな世話を焼いてくれました。

「地域のみなさんにお世話になって、応援してもらっていて、助けていただいて、今の浜野製作所がある」

浜野社長はこのときの感謝の気持ちを、ずっと忘れずに持ち続けています。「ご恩返しと言えば口はばったいけれど、地域に貢献し、還元して、夢と誇りと希望を持った活力ある企業になる、これが最大のご恩返し」と心に誓い、墨田区を誇りに思って事業活動に取り組んでいます。

心が折れそうになった自分を支えてくれた同志の言葉

火事による工場全焼からの復活は、「生涯の同志である金岡常務の存在なくては無理だった」と浜野社長は振り返ります。

お金もないなか、1台1万円の中古の「蹴飛ばし」（足で踏んで動かす機械）を2台買い足し、金岡常務と寸暇を惜しんで働きました。その日の分の納品が終わったら、今後の対策を金岡常務と話し合ったり、翌日のために「蹴飛ばし」のメンテナンスに追われたり。眠る暇もないような過酷な状況でした。

しかし浜野社長は、金岡常務にあることを告げなければなりませんでした。自転車操業で必死につないできた資金が底をついてしまったのです。

同製作所では、2000年9月に新工場（現在の本社・工場）の竣工をめざしていました。当時の年商が約3千万円で、設備投資に年商の10倍はかけていました。前にも進めないし、後ろにも戻れません。そんななか、あの6月の火事が追い討ちをかけ、資金繰りが悪くなっていったのです。すでにそのころ、金岡常務には数カ月分の給料を滞納していたのです。毎日夜中の2〜3時まで働いてもらっているにもかかわらずです。

解体業者が出した火事のため、発注者である一部上場の住宅メーカーが補償してくれるはずだったのですが、補償金契約を取り交わす当日に、運悪く住宅メーカーが倒産し、最後の望みも断たれてしまいました。

浜野社長は泣く泣く金岡常務にこう切り出します。

「金岡、もう十分やってくれた、しかし工場建設の先も見えないし、給料も払えていない。明日から別のところで働いてくれないか。借りている金はいつになるかわからないけれども、絶対に返すから、ちょっとの間貸しておいてくれ」

するど、金岡常務はこう答えました。

「俺はカネのために仕事をしているんじゃない。あんたと仕事がしたいから、ここでずっとやってきたんだ。『終わった』って社長は言うけど、終わってないじゃん。新しい工場だって何も始まっていない。俺はこの会社を絶対辞めない」

金岡常務の言葉は、浜野社長の心に刺さりました。「ありがてぇなあ」という思いと「もうちょっと、がんばってみようかな」という、なんともいえない、湧き上がる思いがあったそうです。

人望がつないだ、火事直後の取引

当時の同製作所の取引先は4社、その中の1社は中堅の完成品メーカーで、取引額もいちばん大きい企業でした。そこの担当部署の課長が、なんと火事の2日後に見舞いに来てくれたのです。

浜野社長はその後、当の課長を訪ね、お礼を言いました。

しかし、課長の様子がどことなくおかしい。豪快なタイプの課長が、その日ばかりは伏し目がちで、心なしか気まずそうなのです。単刀直入に理由を聞いてみると、課長はこう答えました。

浜野製作所の火事見舞いに行ったのは、確かに心配もあったけれども、実はもう一つの大きな目的があったこと。それは「浜野製作所が火事で被害を受けたが、自社が発注している製品は大丈夫かどうか、納期通り入るのかを確かめてくるように」と部長から命じられたこと。

「もし大幅に遅れる見通しであれば、浜野製作所との取引を続けるかどうか、見極めてくるように」と指示されたこと……。

火事見舞いから戻った課長は、部長にこう報告したそうです。

「部長、浜野に出し続けましょう。大きな根拠はありません。あえて言えば、あいつの元気さです。あいつのスピード感です。浜野に出してやりましょうよ」

課長が部長を納得させてくれたおかげでした。同製作所への発注は、火事のあと1点も引きあげられなかったのです。それどころか、その1カ月半後、工場が燃えて設備がないというのに、通常の受注量の1・5倍の量を発注してくれたそうです。しかも納期の優先順位まで考慮してくれました。

「取引先がうちを大事にしてくれるのは、先代がよいものをつくってくれて、残してくれたからですよ」浜野社長は、創業者への感謝も忘れません。

試作品事業で、下請けからの脱却をめざす

周囲の応援で、工場全焼の危機も乗り越えた同製作所は、現在、5次・6次の下請けからの脱却をはかる技術革新に成功しています。事業領域は、精密板金加工やプレス加工を中心とした精密試作品です。

この構想は、実は工場全焼の前からありました。景気低迷、大企業の海外生産シフトなどの影響で受注が減少傾向になるなか、浜野社長は、日本の中小企業における部品加工のとらえ方を変える必要性を強く感じていました。

「従来の加工の部分でしか仕事しないのではなく、ものづくりをデザイン、素材、試作、実際の加工、アフターフォロー、メンテナンス、すべての工程でとらえて得意分野をいかしていく必要がある。東南アジアや中国の製造品質が向上し、価格面だけで勝負するのは、もう古い。36年間ものづくりをしてきて培ってきたものをいかした仕事がしたい！　価格追求型・量産型の仕事はどんどんなくなるだろうが、試作や開発

にかかわる〝小ロット多品種〟というニーズは、なくならないはずだ」

それから浜野社長は、試作品工場への新型機械も購入し、死に物狂いで営業をしました。浜野社長は、訪問先に「どういう条件なら、注文してもらえるのか」という点を必ず確認したそうです。そうすると3つの共通した答えがありました。一つめは「安いこと」、2つめは「難しい仕事で、他社にできないこと」、3つめは「納期が短いこと」。たとえば「通常の試作品の納期は3週間前後だが、それを3〜4日でやってくれるのなら発注してもよい」という声がよく聞かれたそうです。

そこで、浜野社長は自社の強みである加工技術に「納期1週間以内」という条件をプラスするという大胆な戦略を打ち出したのです。

まずは、業務プロセスの整理です。営業、生産、管理と全スタッフを巻き込んで徹底的に話し合い、改善していきました。

また、「生産管理システム」の導入による進捗状況や「工程管理板」の導入による加工機械の稼働状況をPC上で確認できるようにしたり、「見積モジュール」の導入により見積時間の短縮をはかるなどITを積極的に活用し、試作品の注文を受けてから納品まで「1週間以内」を実現し、「短納期の浜野」という〝ブランド〟構築に成功したのです。

こうした経営革新に成功し、火事の当時は、5次・6次の下請けで社員2名、お客様も4社でしたが（2000年）、現在は社員数33名、取引先は1千社まで増え（約1割がホンダ、ブリヂストンなどの上場企業）、売上高も10倍以上になっています（2014年）。

周囲を活気づける躍進

同製作所は、数々の賞も受賞するようになりました。

「すみだが元気になるものづくり企業大賞」（2005年）、「じょうとうIT経営大賞優秀賞」（2007年）、東京商工会議所主催　第5回「勇気ある経営大賞」優秀賞（2007年）、「東京都中小企業ものづくり人材育成大賞」奨励賞（2008年）、「東日本大震災・復興・復旧　経済産業大臣表彰（2011年）、「東京都経営革新計画奨励賞」（2011年）などです。大手企業からの信頼も厚く、ホンダの役員研修会を同製作所で開催したこともあったそうです。

「なぜ、うちのような墨田区の小さな製作所を選んでくださったんですか？」とホンダの担当者に浜野社長が聞いたところ、こんな答えが返ってきたそうです。

「ホンダもそもそも中小企業だったじゃないか。ものづくりの原点を勉強させてもらえるような中小企業で集まりたくなって、声をかけさせてもらったんですよ」

これを聞いた浜野社長は、心のなかで手を合わせたと言います。

若い世代にものづくりの面白さを伝承するロビイング

同製作所がある東京都墨田区は、30年ぐらい前までは約1万社の自宅兼工場、いわゆる「まち工場」の集積がありました。今ではそれが約3100社に減っています。2012年に東京スカイツリーが開業したとはいえ、墨田区全体が活性化しているというにはほど遠く、同製作所は、地域振興にも積極的に取り組んでいます。

たとえば、子どもたちを対象に「1600分の1のスカイツリーをつくろう」という企画の実施です。区の予算をつけてもらい、同製作所だけではなく、他社も巻き込んだ活動に広がっています。他業種とのコラボにも積極的で、「〝JTB旅いく×アウトオブキッザニア〟プログラム」などの体験プログラムにも取り組んでいます。

産学官連携から可能性を広げる

浜野社長は、将来的には同製作所から新しいまち工場のビジネスモデルを創出し、日本の製造業の発展に貢献していきたいと考えています。「産学官連携」もその一環です。

２０１３年には格安の無人深海探査機「江戸っ子1号」の開発に成功しました。「江戸っ子1号」とは、同製作所をはじめとする中小企業と大学、国の研究機関、信用金庫がタッグを組んだプロジェクトです。潜水実験を実施し、日本海溝の水深約７８００メートル付近で、「チヒロクサウオ」とみられる深海魚の３次元カメラでの撮影に成功しました（２０１３年11月）。

そして２０１４年、同製作所では「Garage Sumida（ガレージスミダ）」という新事業をスタートしました。これは、お客様の「もっと自由に製品を開発したい」「自分のアイディアを形にしたい」という思いを〝形〟にするために、最適な解決策を提案する事業です。試作工場として最新のデジタル工作機器をそろえ、全国のものづくり企業の持つ技術にアクセスできる「ものづくりの入り口」をめざします。

浜野社長は会社の強みを、こう語ります。

「『個人の思い、地域の思い、社会の思いを〝形〟にして応えたい』、そう願いながら、社員一人一人がいきいきと働いていることです」

中小製造業の減少が危惧されるなか、価値創造ができるリーダー的存在が求められています。同製作所こそ、周りに勇気を与えてくれる、リーダー的企業の一つです。

ドン・キホーテのように
ひたむきに、住環境を追求

出雲土建株式会社

建築業界の〝必要悪〟、それはホルムアルデヒドなど建材に使われる化学物質です。
長らく、誰もが見過ごしたり、あきらめたり、取り合わなかったものでした。
しかし、それに正面から取り組んだドン・キホーテのような会社が、出雲土建です。
炭の力に気づき、そのよさを裏づけるため、産学連携にこぎつける。
科学的根拠となるデータを追求して、世のなかに発信し、実績を積み重ねていく。
この会社の根気強さと持久力には、誰もが驚嘆させられることでしょう。

建材にひそむ有害物質

出雲土建株式会社（島根県出雲市）が建築した賃貸マンション「炭の家」のモデルルームに入ると、新築特有の臭いがまったくしません。新築特有の臭いは、使い古された住まいにはないものです。よほどの資産家でもないかぎり、マイホームの購入は「一生に一度あるかないか」という大イベント。新築特有の臭いに「ついに、憧れのマイホーム！」といった喜びを感じる人も多いことでしょう。しかし、この臭いが、入居者の健康、特にお子さんの健康に悪影響があるとしたら……。マイホームの喜びは、半減するどころか憤りに転じるのではないでしょうか。

建築に使われる床材、壁紙、合板、断熱材、接着剤。これらの建材には「ホルムアルデヒド」などの「シックハウス症候群」を引き起こす化学物質が含まれています。また、家具やカーテン・カーペット・じゅうたんなどにも接着剤や防カビ剤などの化学物質が含まれ、現代の住居環境には必要不可欠なものとなっています。

これらの物質によって、目や鼻、のどの不快感やアトピー性皮膚炎・ぜん息の悪化、頭痛や腰痛、便秘や下痢など、さまざまな疾患が引き起こされます。また、これらの物質は神経にまで影響を及ぼすことがあります。

しかし残念ながら、高温多湿である現在の日本の住宅の多くにはカビ対策などの目的としてこうした健康を害する可能性がある建材や家具が使われています。２００３年７月１日には改正建築基準法が施行されましたが、それ以前の状況は、さらにひどいものでした。安くて、長持ちし見栄えもよくなることから、住宅メーカーの多くはホルムアルデヒドなど化学物質が多用された建材を使っていたのです。

また、鉄骨や鉄筋のコンクリートでつくられたマンションなどの住環境は、高気密、高断熱という冷暖房費の節約と引き換えに、アトピー性皮膚炎・ぜん息の原因物質であるカビやダニを発生させやすくなっています。それは、室内の一部や床下の湿度が大きく上昇したことが要因です。防カビ・防ダニのためにさらに多量の防カビ剤などを使用することによって、皮肉にも二次的な健康被害が発生している場合もあるのです。

建築の〝常識〟打破をめざして

建築の専門的な話はこのくらいにしておきましょう。しかし、こうした実態をいったん知れば、誰もが「なんとかしたい」と思うものでしょう。

島根県に、こんな現状を打破したいと奮闘している経営者がいます。出雲土建株式会社の社長、石飛《いしとび》裕司さんです。

石飛社長は、最初からこうした問題に取り組もうとビジョンを描いていたわけではありません。長年営んできた建設業界が淘汰の時代を迎え、生き残る術を必死に模索していた2000年に、たまたま〝炭〟と出会ったのです。「なんとか乗り越えないといけない」という事情に後押しされ、まさに〝わらにもすがる思い〟で島根大学などとの産学共同研究を経て、2年後に生まれたのが「炭八《すみはち》」でした。

産学共同研究で生まれた「炭八」

島根県出雲市の人口約17万人の地域では、賃貸集合住宅約1万1千戸のうち、なんと約4%にあたる472戸が、出雲土建で建設された賃貸マンション「炭の家」であり天井に炭を活用しています。また、戸建住宅の約4万戸中約12%にあたる約5千戸の床下に、炭が敷設されています（2013年現在）。この炭こそが、理想的な湿度対策ができる高機能木炭「炭八」です。出雲土建と島根大学総合理工学部・産学連携センター・医学部との産学共同研究により技術開発し、出雲土建の子会社の出雲カーボン（2002年創業）が製造している注目の商品です。

実は島根県内では、炭の有効活用が盛んです。2005年、出雲大社参道の黒松の樹勢を回復させるために、土壌改良材として「炭八」が使用されました。枝の間から空が透けて見えるほど弱っていましたが、今では青々とした枝葉で空が見えにくくなるほど回復しました。

また、60年に一度の大遷宮の行われた出雲大社では、御神体が遷宮の期間中２００８年から5年間にわたりお住まいされた御仮殿（現在の拝殿）の調湿のために「炭八」が床下に採用されました。

ほかに保育園、老人ホーム、診療所、大学病院などでも利用されています。

事業を開始した２００1年から13年にわたり、石飛社長は産学共同研究でさまざまな炭の効果を検証してきました。最初に研究したのは「炭の製造条件」です。製品の品質が一定になる製造条件の確立をめざしました。

次に「炭八」を、実際に「湿気に困っている戸建住宅」に敷設し、床下が除湿され、床下木材の含水率が低下すること（木材が乾燥すること）を実証しました。

また、天井裏に「炭八」を入れると、室内のホルムアルデヒドやトルエンなどの化学物質濃度が低減することもわかってきました。

アトピー性皮膚炎やぜん息は、「アレルゲン（原因物質）であるカビやダニを居住空間から少なくさせること」が改善ポイントです。そこで、「炭八」を床下や天井裏に敷き、炭を入れる前後でどう変化するかを調査したのです。その結果、「炭八」を入れるとカビやダニが減少することがわかりました。カビ研究の専門家の協力で、マンションのカビ発生を抑える可能性も実証できました（第36回日本防菌防黴学会で発表）。

さらに、島根大学医学部との共同研究で、アトピー性皮膚炎やぜん息の患者さん13人の自宅の床下・室内に「炭八」を敷設したところ、アトピー性皮膚炎は6人中5人に、小児ぜん息は7人中6人に症状の改善が見られたのです。こうした研究の結果、床下や天井裏に「炭八」を工夫して入れることで、自然換気と「炭八」の働きにより「新鮮な空気や、冬暖かく夏涼しい快適な室内環境」を生み出すことを実証しました。このように、産学共同研究による実証試験を続け、科学的な裏づけのある商品になったのが、「炭八」なのです。

小児ぜん息の症状が、劇的に改善された

石飛社長は、時間を見つけては、健康を改善した方を訪問しています。

最近訪問したのは、小児ぜん息の患者（産学共同研究対象者）であった、出雲市内のTくんのお宅です。Tくんは、島根大学医学部の小児科外来に、通院していました。

当時、4歳だったTくんは、夜中にぜん息の発作が起きると、「ゼーゼー、ヒュー

ヒュー」と、見ているだけでも痛々しい様子で、入退院を繰り返していました。寝入りばなに咳が出て、救急外来に駆け込むこともしばしばで、薬を飲んでもいっこうに改善の兆しが見えませんでした。親御さんが途方に暮れていたときに、主治医である島根大学医学部・竹谷健先生のすすめで、「木炭敷設による、小児ぜん息の改善」をテーマにした産学共同研究のモニター募集に、すがるような思いで申し込んだのです。

その研究とは、薬を飲んでも改善しない方の自宅に「炭八」を敷設することによる変化を観察するというものでした。患者7人中の6人の症状が改善され、その6人のうちの1人がTくんでした。Tくん親子の寝室は家の北側に位置し、日当たりが悪く、湿気の溜まりやすい部屋でした。石飛社長らはTさん親子の住まいのカビやダニなども詳しく調査しました。その結果、カビの胞子やダニの死骸などのアレルゲンが多く認められたのです。そして、その対策として床下、天井裏、寝室の壁や、敷布団の下にも「炭八」をたくさん敷き詰めました。すると、3カ月後にはカビが大きく減少したのです。

「炭八」を入れてからは、Tくんの発作は徐々に起きなくなり、10カ月後にはかなりひどかった「ゼーゼー、ヒューヒュー」といった咳も少なくなっていきました。ぜん息の発作がたびたび起きていたころは、やせ細り、元気のなかったTくんは1年後には、運動もできるようになり、ふっくらと元気な5歳児の姿になったのです。

石飛社長が久しぶりに訪問したときには、Tくんは中学校2年生、長身で立派な体格になっていました。Tくんは、父親の転勤のため県外に引っ越ししていましたが、家族全員で出雲に再び、戻ってきていたのです。

Tくんの父親は、石飛社長にこうお礼を述べられたそうです。

「家を大きく改造することもなく、古くからある自然素材の木炭で住環境を改善したことで、ぜん息が劇的によくなったことに感動しました。感謝しています」

Tくんの母親も、こう喜ばれたそうです。

「社員さんの奥様が手縫いでつくられた『炭八』入りの敷布団を、今でも愛用中です」

石飛社長はうれしくてたまらず、それからしばらくというもの、「Tくん一家の喜ぶ顔がいつも頭にあった」と言います。またTくんのケースは石飛社長自身の勉強にもなり、彼やその家族に対して、逆に感謝の気持ちでいっぱいだったそうです。

末期がん患者の、最後の家族旅行

末期がんを患うAさんの自宅に、「炭八」を使ってもらったこともあります。大学病院に入退院を繰り返していたAさんは、夜になると寒さが気になって眠れず、いつも午前2時ごろに目覚め、奥さんを起こしていたそうです。「冷え」で眠れないうえ、自分の臭いも気になっていたと言います。

Aさんは畳の部屋で寝ていましたが、湿気が多く畳が湿っているのを感じていたそうです。そこで床下やベッドの中や下、そして天井にも「炭八」を敷き詰めました。すると畳もさらっとして、臭いが消えたそうです。また、それまではストーブを一晩中つけても寒かったのに、「炭八」を入れたその晩から寒さに悩まず眠れるようになり、数日後からは真夜中のストーブもいらなくなったそうです。また食欲も出てきて、ご飯もよく食べられるようになり、続いていた微熱も、約1週間で平熱に戻りました。Aさんは、その後再入院した際、病院に「炭八」を持参してベッドの上下に置いていたそうです。

自宅に「炭八」を入れた数カ月後、小康を取り戻したAさんは、子どもたちと念願であった東京ディズニーランドへ出かけることもできました。石飛社長は、東京出張から戻るとき、偶然にも「ディズニーランド帰り」のAさんご一家と同じ飛行機に乗り合わせたのです。Aさんは「『炭八』のおかげでディズニーに行けました。ほんとうにありがとうございました！」と心の底から喜んでくれたそうです。

「こんどは沖縄に行きたい」と話されていたAさんでしたが、数カ月後に、残念ながら亡くなられてしまいました。石飛社長は訃報を聞いたとき、涙が止まらなかったと言います。しかし、たとえ数カ月間でも、Aさんに「気持ちよく前向きに過ごしてもらったこと」は〝救い〟でした。深い悲しみのなかではありましたが、「より多くの人に、炭の効果を伝えたい」と、さらに思いを強くしたと言います。

「炭八」の開発に取り組んだきっかけ

石飛社長が「炭」に取り組んだのは、長年営んできた建設業界の将来性を危ぶんでのことでした。

1991年、石飛社長が就任したばかりのころは、出雲土建は多額の借金を抱えていました。石飛社長は、当時33人いた社員の雇用を守りたい一心で、ほかの建設会社の取り組みを探りました。

多くの同業者は、地主相手のローコストマンション建設に取り組み、業績を伸ばしていました。しかし、当時の同社にはローコストマンションのノウハウがありません。そこで、静岡県のある工務店のノウハウを買い求め、事業を広げたこともありました。

また石飛社長は、売上高を伸ばすことだけにとらわれず、本業である土木工事の利益の増加にも力を入れました。当時の建設省（現・国土交通省）が策定し、今後の建設業の行方が書かれた「建設産業政策大綱」の通りの「よりよい仕事をより安全により安くする」ことに方針を決めました。そうした努力もあり、２０１０年に国土交通省直轄工事の受注額が、県内首位になったこともあります。

業界研究が導いた成功

しかし、土木の公共工事だけに頼っていても先は明るくありません。２０００年になると、「建設リサイクル法」により、それまで焼却されていた廃木材のリサイクルがテーマとなりました。そこで、木造の住宅を取り壊すときに出た廃木材のリサイクルに着目しました。

石飛社長は、廃木材がどのように使われているかを見て回りました。木のリサイクルで販売価格が最も高いのは製紙原料にすることで、廃木材１トン当たり１万７千円でしたが、質のよい木材に限られていました。コンパネなどの合板は、逆に処分するのにお金がかかる状況でしたが、炭は売れたら廃木材１トン３万円になることがわかりました。

また床下の炭が、さまざまな効果があるにもかかわらず、売れていない理由についても考え続けました。

炭を製造している会社は、すべてが産業廃棄物の処理業者であり、廃木材の処分方法としての炭製造となっていました。そのため「消費者から見ると、『ゴミからできた炭』というイメージになっているのでは」と分析しました。

さらに炭の現象的な効果はわかっても、「いつまで効果が続くのか」「なぜ湿度が下がるのか」といった科学的な根拠や理論化が、まったくされていないのも理由なのではと考えたのです。

昔から日本には次のような言い伝えがあります。

「井戸の上に家を建てるな」

「イチジクを屋敷に植えるな」（※イチジクは湿気がないと育ちにくい）

「敷地内にアジサイを植えるな」（※アジサイは湿気を好む）

「裏鬼門に家を建てると男が早く死ぬ」（※南東に増築すると、北西の寝室が湿気る）

石飛社長は、これらの言い伝えを、研究で明らかにしていきたいと考えました。

そして島根大学に話を持ちかけ、産学連携を開始させました。その過程で、「言い伝え」の域を出なかった木炭の効用が、科学的なデータとして次々とわかってきました。

たとえば、床下の炭は床下の湿度を約20%下げる効果がありますが、その結果、室内の湿度も下がり部屋のなかのカビが激減し、夏は、除湿効果でクーラーをつけなくても過ごせる家もありました。また、天井裏の炭の効果により、冬は断熱・蓄熱効果で、部屋を暖かく保つことができます。同大学との共同研究により、天井裏と床下に「炭八」を敷くことで、夏場のクーラーの消費電力が24％削減できることも実証しました。

多くの人は、「廃材でつくった炭は、みんな同じ炭」と思っています。しかし、石飛社長がのべ200日以上をかけた工場視察や、産学共同研究でわかったことがあります。

それは、木の種類や炭焼きをするときの温度、時間や混ぜるガスである酸素、二酸化酸素、水蒸気の量などさまざまな条件によって、同じ原料であっても炭の品質がまったく変わることです。

窮地を救った3つの方針

彼は次に、以下の「3つの方針」に取り組みました。

①製品を規格化する
②効果を見せる
③販売ルートを確立する

方針の①「製品を規格化する」。これは、従来の「炭焼き」の域を超え、廃棄物の処理ではなく木炭の製造業を確立することで達成しました。できた炭がどれだけの水蒸気をどれだけの時間で吸って吐くか、ＪＩＳ調湿建材の測定方法により測定したのです。「ＩＳＯ９００１」も取得し、品質管理を徹底しました。

方針の②「効果を見せる」。これは、島根大学との共同研究をはじめとする「産学連携」の取り組みやさまざまな研究機関との連携により実現されました。

方針の③「販売ルートを確立する」。これは、「建材店を通して戸建住宅３３６軒に炭を無料提供する」といった大胆なプロモーションを行うことで達成されました。建材店や工務店への認知度をクチコミで上げることをめざしたのです。建設会社を対象に販売をすることとし、建材としての販売ルートを確立しました。

経営危機の会社をあと押ししてくれた恩人

産学連携といっても製造業を始めるには、それなりに設備投資がかかります。「どこにそんなお金があったのか」と率直に石飛社長に聞いてみました。すると、あるご縁について明かしてくれました。出雲土建の２０００年の売上高が約32億円で、炭の新規事業の設備投資額は5億円、運転資金なども合わせて実に6億円の投資額でした。余裕のある担保物件もないなか、事業計画書だけで5億円の融資をしてくれたのが、山陰総合リースという地元の金融機関でした。おかげで炭化プラントの着工の運びとなりました。

その後、リサイクル業界の競争が激化し、大変厳しい時期もありました。

その際には、山陰合同銀行の当時の支店長矢野俊人さんが、金融監督庁のきびしい審査基準のなか、出雲土建に尽力してくれたのです。

「担保や財務内容だけで融資を決めるなら、銀行員なんていらない。本来、経営者や社員としっかりかかわって、地元の企業を育てていくのが地銀の銀行員ではないか。出雲土建のような会社を潰してしまったら、島根県の損失だ」

矢野支店長は、出雲土建の財務内容を把握してはいましたが、本店にかけ合って融資を続けてくれたのです。また、2007年には「中国地域ニュービジネス優秀賞」として表彰され、同年、産学連携による「健康住宅づくりに寄与する建設廃木材を活用した〝調湿木炭〟の研究・開発」によって、「第2回ニッポン新事業創出大賞アントレプレナー部門　優秀賞」にも輝きました。

こうして、10年以上の歳月を経て、石飛社長や社員のさまざまな努力や、多くの人の協力が重なって、「炭八」は継続しているのです。石飛社長は、『炭八』を実際に使ってもらい、お客様からの反応があると何よりもうれしい」と顔をほころばせます。

業績が伸びても、ブレない事業理念

石飛社長の夢は、「全国の住宅に木炭を使うのが一般的となり、『地域で出た廃木材を地域で木炭にする』という地域完結型のリサイクルになること」と語ります。炭にすることで、炭素固定と二酸化炭素の排出量の削減にもつながります。

彼は「必ずしも自社の炭が使われなくてもいい」とさえ思っています。「まず、普及することが大切」という認識があるからです。石飛社長は「多くの企業が、炭のよさに気づいて、普及に取り組んでもらえばいい。ただ炭の効果が発揮できるような正しい使い方をしてほしい」と願っています。

そのために、石飛社長は販売価格を上げずに高品質にこだわってきました。最近では設備の減価償却が進み、利益も少しは出るようになりました。ですが、石飛社長の事業理念が「営利優先」「利益追求」に傾くことはありません。彼の願いは「会社が存続できて、社員の幸せな生活が守れればいい」という、ささやかでつつましいものです。それよりも、体調トラブルが改善され喜んでくださった方の顔や、「病床の暮らしが快適になった」という喜びの声を忘れることができないと語ります。

石飛社長は、「一人でも多くの人に、健やかに暮らしてほしい」と願っているのです。

障がい児と健常児が、ともに笑う幼稚園

学校法人池谷学園　冨士見幼稚園

障がい児と健常児がともに過ごす保育を「統合保育」と呼びます。
その価値は認められつつありますが、その実践はまだ少ないと言わねばなりません。
そんななか、40年間も統合保育を行ってきたのが冨士見幼稚園です。
社会の動向にかかわらず、子どもたちにとって「よいこと」は取り入れる。
そんな同園の理念には、背筋が伸びる思いに駆られます。
この幼稚園の試みが、やがて社会に風穴を開けることを願わずにおれません。

勝敗を超えたリレー

初めて冨士見幼稚園を訪れた際、実際に目にしたワンシーンは、取材で感じた同園のよさが凝縮されていました。それは、運動会のリレーの練習風景です。

運動帽をかぶった園児たちが、大声で自分のチームを応援し、バトンを渡された園児は精一杯、腕を振り走っています。どちらのチームもがんばって走っていて、接戦でした。次の瞬間、バトンを手渡された子が勢いよく走り出すかと思いきや、若い先生に手を引かれて進んでいます。一生懸命体を動かしますが、障がいがあるせいか、ほかの子のように速く走れないのです。それは大変そうではありましたが、とても楽しそうに見えました。

ある年配の先生が突然、走っている子の手を引いている若い先生に、こう叫びました。

「手を離してみて!!」

足の遅い子は、先生に手を離されるとまっすぐに走れません。もちろん、さっきよりもうんとスピードも落ちます。あっという間に相手チームに差をつけられ、1周遅れ、いや2周遅れになってしまいました。

その子を見守る、味方チームの雰囲気はどうでしょうか。足の遅い子が自分のチームにいると、がっかりしたり、文句を言う子がいてもおかしくありません。ところが、驚くべき光景がそこにありました。全員が、大きな声で力いっぱいに応援していたのです。

「がんばれ!! もう少し!!」

その応援に応えるかのように、足の遅い子は、次のランナーの元へと必死に走り続けます。バトンを受け取った子は「俺にまかせとけ！」と言わんばかりのキリッとした表情で、全力で走り始めました。

幼少期から障がい児と健常児が同じ環境で過ごすということは、健常児にやさしさやいたわりが芽生えるだけではありません。あとでも事例をご紹介しますが、障がい児にとっても、成長面での大きなメリットがあります。日々の生活のなかで、互いの「人間力」が育まれていくものなのです。

カタツムリの歩みで40年

「なんでも経験させる」という方針を掲げ、そんな保育を実践しているところ、それが、冨士見幼稚園です。同園は、神奈川県横浜市、綱島駅前のにぎやかな商店街のすぐ先にあります。

同園は1953年3月に設立し、1965年ごろに現園長の玉川弘氏が継父から引き継ぎました。玉川園長は、「3つの保育」をベースとした環境づくりを40年間行ってきました。「統合保育」では、障がい児と健常児がともに生活しお互いに理解し合いながらともに生きることを学ぶ。「縦割り保育」では、異年齢の子どもがかかわり合いながら、人間関係や遊びの幅を深めていく。「経験保育」では、遊びや生活から得る経験や体験を大切にする。

この3つの保育を園長や教員、保護者、園児の三者間でかかわりあいながら、障がい児と健常児が分け隔てなく人としての基礎をつくる環境づくりを徹底しています。

1965年ごろ、障がい児を対象とした施設などはまだまだ少なく、幼稚園にも障がい児はいませんでした。そもそも当時は、成人した精神障がい者も含め、表に出てくる人も少なかったのです。

たとえば、第一子が通う幼稚園に、障がいを持った第二子の入園を親が懇願した場合。軽度の障がいであれば幼稚園側も受け入れるというケースは、いくつかありました。しかし、症状の重い子は入園を断られ、医療機関と自宅の往復の生活しか選択肢はありませんでした。今より、さらに偏見が強かった時代です。

社会や教育機関が障がい者を受け入れ出したのは、1970〜75年ごろ。そこで起こったのは、受け入れ側の幼稚園の問題です。

どの幼稚園でも障がい児を受け入れることはできますが、教員の質や経験はさまざままでです。また、同じ障がいの診断を受けていたとしても性格や行動は十人十色。個別のきめこまやかな対応が必要となります。そんな理由もあり、障がい児を受け入れられない幼稚園が全体の約8割、「1〜2名なら受け入れる」という幼稚園も2割程度にすぎませんでした。

玉川園長が、横浜市のどこよりも早く障がい児を受け入れ出したのは、園を引き継いだばかりの1965年ごろです。園長は、港北区の研究部に所属し、障がい児保育に関する啓蒙活動に力を入れました。ところが、「障がいを持った子どもたちのための分科会」を横浜市に設置しても、集まったのは5〜6名。まるでカタツムリの歩みのように、少しずつ、少しずつ進んできました。

「重度の多動の障がい児が、保育の内容を検討したところ、周囲の予想に反して小学校の普通学級へ進学することができた」というレポートを上げていくうちに、だんだんと注目を集めるようになりました。園長が地道な努力を年々重ねるごとに、「自分の子はどうだろうか……」と相談に訪れる保護者が増えてきたのです。

障がい児の受け入れは、「自然なこと」

「障がい児を積極的に受け入れる」という姿勢は、「実社会で会社員を経験していなければ得られなかっただろう」と、園長は回想します。

同園を継ぐまでの間、園長はごく一般的な会社員でした。勤めていた会社では、下半身不随の人がいましたが、デスクワークをし、ほかの社員と一緒にランチを食べ、ほかの社員と同じように過ごしていました。

「社会には障がい者はたくさんいる。それを企業はなんらかの形で障がいを持った人を受け入れている。それはごく自然なことだろう。一方で、幼稚園は違う。人間の基礎をつくるのは幼児教育であるはずなのに、入園面接で、園側にとって不都合な子どもは落としているではないか」

園長は、そんな素朴な疑問がきっかけで、障がい児の受け入れを始めたのだと振り返ります。

しかし「障がい児を受け入れる」と決意したからには、問い合せのあった障がい児を受け入れるという消極的な姿勢では意味がありません。そこで、完全にオープンにして募集をかけたところ、ある年、全盲の子どもが入園してきました。

当時はインターネットがないため、教員たちは自主的に目に関する医療機関に問い合せを重ね、全盲の人たちの施設を訪問し、生活習慣や注意事項などを勉強しに行きました。その後も、障がいを持った子どもが入園するたびに、教員たちはその障がいに応じた準備を自発的に重ね、勉強のために、保育の時間をぬっては園を飛び出していきました。園長は、「うちの教員たちの志の高さには頭が下がる」と語ります。

同園が、幅広く障がい児の受け入れを行っていることを、涙ながらに語る保護者Aさんに出会いました。その方のお子さんは二人とも同園の卒園児です。

Aさんが、お嬢さんの幼稚園を探している時、二人目のお子さんBくんを出産しました。しかし、Bくんは未熟児で産まれ、「歩行困難の障がいを持つかもしれない」と医師に診断されます。そんな不安を抱えながらの幼稚園探し。「息子も通える幼稚園に、娘を入れよう」と、基準はいつの間にか「Bくんを受け入れてくれるかどうか」になっていました。そこで見つけたのが冨士見幼稚園です。障がいの種類やレベルに関係なく障がい児を受け入れていて、健常児、障がい児ともにとてもいきいきとして元気いっぱいで、楽しそうに生活している光景が目に入りました。「ここだ。ここにしよう」と心に決めたそうです。

Ａさんにとって、障がいのある子どもは遠い存在ではありませんでした。実は、Ａさんの妹さんの子どもも、障がいを抱えているのです。しかし、妹さんの住んでいる地区には、受け入れてくれる幼稚園はありませんでした。

「でも、幼稚園に通わせてあげたい」

そんな思いを同園が受け入れてくれるのではないかと思い、Ａさんは妹さんと同園を訪れました。すると、園長にこう言われたのです。

「年中さんからおいで」

必死で幼稚園を探していたＡさんも妹さんも、涙があふれたと言います。残念ながら、妹さんの自宅から通える距離ではないので入園は断念せざるを得なかったのですが、Ａさんは同園のすばらしさ、温かさを改めて感じたそうです。

幼稚園は、自宅になるべく近いところを選ぶのが一般的でしょう。しかし、同園に通う園児のなかには、県外から電車で通う園児もいるそうです。それほど、「わが子をこの環境で育てたい」と保護者に熱望させる場所なのです。

赤字経営を切り抜ける

そんな同園にも、もちろん苦しい時期はありました。障がい児を受け入れた当初は、保護者には公《おおやけ》にはしていなかったため、受け入れ出してから2〜3年後、教員たちが園長に保護者会で説明することを提案しました。「障がい児と健常児がともに生活することは、互いの心の成長につながる」ということをすべての保護者に説明したのです。

しかし、その説明会のあと、予想に反して反対意見も寄せられるようになりました。地域への負の宣伝も始まりました。「私の子どもの隣に障がいのある子を座らせないで！」と保護者にクレームをもらうこともありました。障がい者に対する拒否反応のせいか「あそこは障がい児を受け入れている」など、悪意ある噂が広まってしまいました。その結果、翌年は40名の募集に対し15名しか応募がありませんでした。当然、経営は赤字です。

園長は悩みました。「どうすれば、保育の方針を正しく理解してもらい、保護者たちからの信頼を得て、子どもたちを預けてもらえるようになるのか」。園長は悩んだ末に、過去の会社員時代のことを思い出し、ひらめいたのです。

ある土曜日に、全園児の父親に声をかけて集まってもらい、説明会を実施しました。

「環境のなかに障がいを抱えた子どもがいることで、ともに育ち、その子への理解が深まっていくのです」と強く訴えました。そして、園長の会社員時代の話を織り交ぜて、協力をお願いしました。すると、父親たちはすぐに理解を示してくれたのです。

当時、一部の企業では障がい者雇用を促進してはいたものの、障がい者の存在がまだまだオープンになっていなかったことや、メディアも未発達だったこともあり、企業や医療機関以外では情報は手に入りにくいものでした。

しかし父親たちのなかには、社会で受け入れられている障がい者を目にする機会がある人もいたようです。園長の思いは、まず数人の父親たちに届き、家庭内で話し合われたのか、自然に翌年から同園の経営は元通りになったのです。

「小学校以降になって初めて障がい者に接すると、誰でも『差別』をしてしまうもの。それは、幼児期に、そんな経験をしなかったから。だから、幼稚園の時期にどんな環境で過ごすかが大切なのです」

そう園長は指摘します。

子どもの自主性を引き出す行事運営

同園の、すばらしい保育をご紹介しましょう。

毎年恒例の運動会は、教員から積極的には発信をしません。その季節が近づくと、玉入れの道具を出します。そうすると、園児たちは無我夢中で玉を投げ出します。そこで、初めて気づくのです。

「あれ、まえの運動会でやっていたね？」と。

「先生、今年は運動会やらないの？」

主任の木暮真紀先生は、すぐさま聞き返します。

「あなたたちはやりたいの？」と。

園児たちは、とまどいます。「恒例行事だからやる」という受け身の姿勢ではなく、園児たちの自主性を育てているのです。

また、運動会をやることになっても、必ず「やりたくない」という子が出てきます。理由はもちろん、「足が早くないから」「力持ちじゃないから」など、園児によってさまざまです。そうすると、ものすごくやりたい園児は、「運動会がなくなってしまうのではないか？」と不安になります。教員は間に入らないため、運動会をやりたい園児が、なぜやりたくない子がいるのか考え、説得し、さまざまな葛藤のなかで決まります。

赤組と白組には一応分かれますが、先生主導の「人数分け」はあえて行いません。園児が好きなチームへ分かれていきます。そのため、数が必ず偏ってしまいます。ですが、チームの人数が多ければ綱引きは勝てても、リレーは走る人が多いと負けてしまいます。練習をくり返していくなかで、園児たちが自分たちで考え、話し合っていくうちに、運動会当日には見事に同じ人数に分かれているそうです。

このように園児たちに考えさせ、妥協や説得を積み重ねて、イベントを完成させ、深みのある思い出とともに園児たちを成長させることに重点を置いています。

いすのない保育室

職員の一人、金田英恵先生はこう話します。

「健常児と障がい児が一緒に育つということが大切と学校で学び、頭でわかっていても、実際目《ま》の当たりにすると大変でした。でも、実際にかかわっていくなかで、勉強してきたことが体にしみこんできました。『その子』の行動には必ず意味があって、それは何かを発信しているので、ともに成長することを意識して保育をしています」

同園の教員教育では、マニュアルがあるわけではありません。学期ごとに一度の1泊研修の実施、また教員それぞれが毎月1～2回、外部の勉強会に参加し、園長へレポートを提出しています。保護者は、年々教員たちのレベルが上がることを期待していますし、同園としても教員たちには日々上達・発達してもらわなくてはなりません。新人教員はキャリアの長い教員を見て学び、職員室で話を共有し、研修で学びを深めます。

同園の教員のレベル・知識・情報の統一化の秘密は、職員室にあります。

実は、クラスに教員のいすはありません。保育が終わり、掃除をしたら、教員が全員職員室に集まります。そこで、その日の出来事や気になったことを全員で共有するため、自分の担当していないクラスの園児のことも、全教員が知ることができます。

同園は、年少から年長までいくつかの縦割グループに分けた「縦割り保育」を行っています。この縦割り保育では、年長児たちが年少児の世話をし、手を差し伸べ、年少児は年長児とともに生活をすることで刺激を受けて成長を遂げていきます。この保育を行っていくうえで、教員たちは全園児の状況を理解しお互いを助け合っていきます。

菅野友紀子先生と金田英恵先生。二人には別々に取材し、「教員としてのやりがい」を聞いたのですが、驚くことにその答えはまったく同じでした。

「保護者のみなさまに、『子どもたちのことはすべて先生たちにまかせます』と言われることに誇り、やりがいを感じています」

「分け隔てなく接すること」の難しさ

同園の教員と保護者の間には、厚い信頼関係があります。その理由の一つは、「すべての教員がすべての園児の名前と最近の様子を把握していること」と、ある保護者が教えてくれました。それは「在園児のみならず、卒園児の名前や家族のことまで忘れない」という、教員たちの思い入れでしょう。

たとえば、同園を何年も前に卒園した子どもと一緒に商店街を歩いていた父親が、「○○くんと○○ちゃんのお父さんの○○さん！　お元気ですか？」と同園の教員に声をかけられたそうです。父親は、「行事くらいしか園に顔を出せなかったのに、なぜこんなにスラスラと名前が出てくるのだろう」と、とても驚いたと言います。

教員たちと同園の信頼関係が築かれているのも、「いつでも自由に見学ができるスタイル」があるからこそです。ほかにも、保護者による障がい児サポートボランティアが充実しています。毎年多くの保護者がこのボランティアに立候補し、今では在園児と卒園児の保護者、合計60〜70名が参加しています。卒園してもサポートボランティアを続けられることで、同園と保護者の絆は深まるばかりです。

1学期ごとに、同園の教員とサポートボランティアの保護者でボランティア会議が行われます。そこで、障がいを持った園児一人一人の説明と最近の様子が同園より共有されます。当日参加できない保護者には、ボランティア会議で話された内容と日程表が教員の手紙とともに郵送で送られます。

日程表をもとにサポートボランティアの保護者は担当する曜日に同園を訪れ、エプロンをつけます。障がい児一人につき一冊の記録ノートがあり、最近の様子、かかわり方や注意点、そして一日のスケジュールを確認し、担任の教員の指示のもと、その日のかかわり方を決めます。

サポートボランティアに携わる保護者・Kさんは、心情を明かしてくれました。
「サポートボランティアを始めたころは、障がいを持ったお子さんとかかわるたびに、自分のかかわり方でいいのか不安でした。でも、そのうちに『その子のお母さんがホッとできる時間』をつくれればいいなという気持ちになりました。そして何より、障がいを通してでなく、その子の『人そのもの』を見ることができるようになりました」

重度障がいの園児の場合、サポートボランティアの保護者はつきっきりの介助となります。軽度の障がいの場合は、健常児の園児とのかかわり合いを見ながらサポートします。

大人が気を遣うような場面であっても「まったく気にしない」のが子どもです。たとえば、ほかのクラスに移動する際には、健常児が障がい児をグイグイと引っ張って連れて行きます。

たとえ体に障がいがある子でも、三輪車の後ろに無造作に乗せ、たとえ手足が飛び出していようと容赦なく、グルングルンと連れ回します。

「障がい児」という認識は一応あっても、まず「遠慮なくつきあえる友だちだ」という気持ちが先立つのかもしれません。だから、障がい児が泣いていれば、「どうしたの？　何がイヤだったの？」とちゅうちょせずに、ズカズカとかかわっていきます。

その強引さが、障がい児の成長につながるよさなのかもしれません。

別のサポートボランティアの保護者・Mさんはこんなことを教えてくれました。

「大人は加減をしますが、子どもは手加減がないのがいいのだと思います。障がい児の場合、専門の施設にいったん入ったら、しっかりと守られてしまいますし。それに、言葉では表現できなくても、ほかの子と同じように接してほしいと思っているはずです。子どもたちの『よい意味での気遣いのなさ』が、濃密なコミュニケーションに一役買っているんでしょうね」

サポートボランティア歴8年以上の保護者・Bさんは、自宅でもお子さんと同園の障がい児の話をするそうです。お子さんが同園に通っていたときは、誰をサポートしたかを話すと「○○ちゃんは最近こうなんだよ」と説明してくれたと言います。

大人も成長できる幼稚園

木暮先生は、地域の小学校の教員や卒園児の保護者から、多くのうれしい報告を受けています。障がい児のいる環境で育ったおかげで、「誰もやらないのなら、私がやってみよう」という第一歩へとつながる基礎が身についているのです。紆余曲折や苦労は多々ありましたが、同園を卒業して小学校に入った子どもたちの行動のなかに「光」があるのです。小学校の教員は、感動をもって、そのエピソードを保護者に話します。このくり返しによって、この地域では同園のイメージが定着しつつあります。

最後に、木暮先生が以前教員から聞いた、奇跡のような話をご紹介します。

「うちの子が、普通の子と同じように『バカ』って言ってきました。イントネーションまで同じで……。うれしくてたまりません」

普通の親なら子どもに『バカ』なんて言われたら叱ります。しかしこの保護者は感動し、同園に感謝を伝えたのです。その子には言語障がいがあり、うまく話せませんでした。でも、同園で健常児とともに過ごしたことにより、学び、成長したのです。

園長は、教員たちに日々こう話しています。

「この40年間で今が究極。あとは、あなたたちが、どう変えていくか。基本的な部分さえ押さえていれば、何をやってもいい。何かあったら僕が責任を取るから」

玉川園長は、この園が障がい児だけの成長につながるとは考えていません。園児はもちろん、保護者、教員の三者が互いに信頼し、支え合い、絆を深めることで「人間力」を高め、子どもだけでなく、大人も一緒に、みんなで成長するのです。

すべてのおもてなしは「for you」から

ル・クロ（株式会社クロフーディング）

スタッフ全員が、正社員。
そんな、一流ホテルにも引けをとらないフランス料理店が「ル・クロ」です。
成功の秘訣は「人財の成長こそ、店の成長」という社長のポリシーにあるでしょう。
それはきびしい飲食店の世界の「業界標準」とは、いわば真逆の発想です。
「社員が幸せになることで、よいおもてなしができる」
そんな好循環は、他業種でも参考になることでしょう。

お客様は「自分の家族」

大阪御堂筋線・心斎橋駅から徒歩5分にある「ル・クロ」（本店）は「お箸で食べるフレンチ」のパイオニアです。掘りごたつを備えた「ぬくもりあるお店」と評判です。ル・クロとはフランス語で「畑」を意味します。オーナーは鹿児島県出身の黒岩功さんです。ル・クロがいちばん大事にするもの、それはお客様です。「お客様の喜びは私たちの喜び」という理念にも表れています。黒岩さんによれば、この理念は「すべてのお客様を、自分の家族のように考えること」につながっていると言います。

数十年先を見すえたマーケティング戦略

2号店と、3号店である「ル・クロ・ド・マリアージュ」（以下マリアージュ）も黒岩さんの思いが詰まっています。「マリアージュ」は関西人気ナンバー・ワンのウェディングレストランで、年間約150組もの結婚式を行っています。

「マリアージュ」の婚礼料理は、すべてゲストの希望に沿って用意されます。これは、自分だけのコースをお客様が決める「プリフィックスメニュー」という手の込んだスタイルです。

まず、ゲストに送られる結婚式の招待状のなかに、希望料理を記す事前アンケートを同封します。そのなかで、オードブル、スープ、お魚料理、お肉料理など、その日の全メニューをそれぞれお客様に選択記入してもらい、返送してもらうのです。肉の焼き加減まで一人一人の好みに応じてメニューを用意。これは厨房ではおそろしく手間のかかる仕事です。そしてサービスもまた、一人一人違う料理を提供するので大変になります。「それでは店の収益につながらないのではないか？」と誰もが思うことでしょう。しかし、黒岩さんはこう言います。

「多くの人にとって、結婚式はたった一度のものだからこそ、丁寧な仕事をしたい」

通常、結婚式の食材コストは15％程度と言われますが、同店では30％を超えています。なぜそこまでやるのでしょうか？　結婚式には、当然ながら子どもたちも同席します。その子たちが最高の結婚式を経験して、やがて大人になったとき、『マリアージュで式を挙げたい！』と思ってほしい」と言うのです。なんと、10年、20年も先を見すえたマーケティング戦略を行っていることになります。

また、スタッフ40人は全員が正社員。経営効率を上げるために、FLコスト（食材＋人件費）をいかに抑えるかと腐心する会社が多いなかで、「スタッフ全員が正社員」という外食企業は珍しいのではないでしょうか。ル・クロは小さいながら、経営の品質において、一流ホテルにも引けを取っていないのです。

この黒岩さんのサービス精神は、迷うことなく全スタッフに伝わり、それがお客様に対して感動を生み出します。一例を挙げてみましょう。西心斎橋にある1号店に予約なしで来たお客様がいたとき、東心斎橋の2号店、天満橋の3号店の席が空いていればそちらにお客様をご案内します。その際、天気が悪いときは、なんとタクシー代までお渡しするというのです。1号店と2号店は距離にしてわずか1キロもありません。ここまで徹底した「お客様第一主義」を貫いている会社がほかにあるでしょうか。また社員に対しても、「社員第一主義」の両輪で取り組んでいる当社の秘密とは何でしょうか。

強烈なコンプレックスを、武器に転じる

黒岩さんがフレンチレストランを開いたきっかけは、小学4年生の授業参観日までさかのぼります。

その日の授業は家庭科、しかも母親参観日でした。そのとき、彼はみんなの前でキャベツの千切りを実演したそうです。その包丁さばきの見事さに、先生はもちろん、そ

の場にいたクラスの子どもたち全員と母親たちの喝采を浴びたのです。そのとき、彼は「初めて人に認められたと実感した」と言います。

黒岩さんの家は父親が外国航路の船員をしており、1年の大半を不在にしていました。また、母親はギャンブル依存症になってしまい、弟のご飯の面倒はもちろん、お母さんの分まで黒岩さんが毎日、家族の食事の準備をしていたそうです。そのため勉強に割ける時間も少なく、学校の成績もかんばしくありませんでした。本人いわく「落ちこぼれだった」とのこと。この強烈なコンプレックスがあったなか、キャベツの千切りの実演はほんとうに自信となったのです。クラスの後ろを見ると、自分の母親が涙を流して喜んでいました。その姿を見て、黒岩さんは「こんなに人の心を喜ばせるのが料理なんだ。お母さんをもっと喜ばせてあげたい」と思い、料理人をめざすようになるのです。

地元鹿児島の高校を卒業すると、大阪の辻調理師専門学校を経て、フランス料理店でサービスマンとして就職。その後、単身でスイスに渡り、ワーキングビザで料理修行に励みました。また、その後にフランス・パリに入国しました。フランスにはつてもなく、フランス語が話せるわけでもありませんでした。パリの飲食店の扉を片っ端から叩き、なんとか雇ってくれるところを探したといいます。でも言葉も通じず、門前払いの連続でした。「やっぱり海外で修行するなんて無謀だったのか……」あきらめかけたとき、ちょうど１００軒目だったと言います。そのお店は〝二ツ星〟のレストランでした。

こうして、１００軒目にしてようやく皿洗いの職に就くことができたのです。「店を持つ」という夢だけを糧に、朝早くから夜遅くまで人の何倍も働いた黒岩さん。このヨーロッパ修行では、後に彼の「スタッフは家族」という経営方針に影響を与えた恩人との出会いがありました。

がむしゃらに働いた修行時代

スイスでは寝食を忘れてがむしゃらに働きました。〝アジアの若造〟を快く思わない現地のスタッフたち、そしてきびしい競争がある業界のなかで、毎日毎日、怒られることの連続だったと言います。しかし、黒岩さんはそれがうれしかったのです。

「鹿児島にいるときは、母親がやったことについていろいろとイヤな仕打ちにあったり、毎日大変な思いをしていました。『なんで俺はおふくろのせいでこんな目に遭わなければいけないのか』と毎日思っていました。しかし、社会に出ると日本でもそうでしたが、海外でもみんな仕事がうまくいくために怒ってくれます。つまり、すべて僕のために怒ってくれるのです。それが新鮮で、怒られれば怒られるほどうれしかったのです」

パリに移ってからも、休むことなく自分の夢を追いかける毎日。平日は誰よりも早く出勤し、そして日づけが変わるまで精一杯働いていました。住み込みのような形ではありましたが、無給で働いていたため、生活費を稼ぐためにフル稼働。レストランが休みの土曜と日曜には、別の日本料理店で、これまた一日働いたのです。そんな彼の姿を認めたフレンチレストランのオーナーシェフから、ある日こう言われました。

「そんなに働くヤツは初めて見たよ。今までよくがんばったな。〝三ツ星〟のレストランを紹介してあげよう」

黒岩さんの姿勢、そして寝食を忘れて働く仕事ぶりが評価され、憧れの本場フランス・パリの〝三ツ星〟のレストランを紹介してもらうことができたのです。そこでも、朝から晩まで誰よりも働きました。

3年半にわたるヨーロッパ修行を終えて帰国。京都・大阪などでシェフを経験し、32歳で独立しました。といっても、創業時はまったく資金もなく、心斎橋の奥まった路地の古びた長屋の一区画のような物件を奥さんと二人で改装し、手づくりのレストランを開いたのです。お皿は100円ショップで調達したり、なじみのお店で使わないものを譲ってもらったりしました。内装にかけられるお金もなかったので、夫婦で一から改装をしたのです。お店の雰囲気から「お箸で食べるフレンチ」を売りにして、いよいよオープン。しかし、開業当初はまったくといっていいほどお客さんが入りませんでした。

「場所が悪いのか、それともコンセプトが悪いのか……」

頭を悩ませる日々が続きました。でも、やっと来てくれたお客さんには全力で「おもてなし」をし、まごころを込めた料理をつくりました。すると、クチコミで噂が広がり、半年もたてばそれなりにお客さんが入るようになったのです。奥さんは、生まれたばかりの長男をおんぶしながら、半年間ホールに立ちました。そんな姿も評判を呼び、1年が経過するころにはスタッフも増え、あっという間に人気店に成長していったのです。

以来13年間、増収増益を重ね、店数は3店舗に。２０１1年には「マリアージュ」が、老舗の一流ホテルなどを抑え、「満足度ナンバー・ワンの結婚式の場」（関西地方）に選ばれたのです。そして、２０１３年の12月にはフレンチの本場パリに、４号店をオープン。社員数も40人に増えました。

〝出戻り社員〟、大歓迎！

なぜ、一人の若者が、これほどの成功を収められたのでしょうか。そのいちばんの要因は黒岩さんの人柄にあるでしょう。

同社には「出戻り社員歓迎」という方針があります。実際に社員の3割が「出戻り社員」です。この経営方針は彼の人柄を如実に表していると言えます。「一度辞めた人間に、二度と敷居をまたがせない」という経営者が多いなか、黒岩さんは彼らを祝福して送り出すのです。そして「何かあったらいつでも戻ってこい」と温かい言葉をかけます。

一度は店を辞めたものの、ほかの店や他業種の労働環境を経験した元社員たちは、数カ月後、「やっぱりル・クロで働きたい！」と戻ってくるのです。

「戻ってくるには、大変な覚悟が必要なはず。それでも戻ってきてくれるスタッフは、〝誰よりも意志が強い人間〟だと言えるのではないでしょうか。一度、そんなふうに覚悟を決めた人間は、若いスタッフにとっても、よい影響を与えてくれるのです」と彼は明かしてくれました。

同社は徹底した「社員第一主義経営」です。彼は社員のことを「親御さんから預かっている大切なお子さん」と表現します。

苦しいことばかりが強調され、離職率も激しい飲食業界。しかし「せっかくこの業界に就職したのだから、ほしいものがたくさん転がっていると気づいてもらいたい」と黒岩さんは力強く語ります。

「働き方や、その人の〝あり方〟が間違っていなかったら、技能はちゃんと教えられます。その人の〝伸びしろ〟をどこまで伸ばせるか、それを信じられるかが、私のモチベーションの源泉です。飲食業は言ってみれば〝誰もが就職、参入できる業界〟。入るときは何もできなくてもいい、ただし入ってからが勝負なんです。『変わりたい』『成長したい』という純粋な気持ちがある人だったら、おこがましい言い方に聞こえるかもしれませんが、助けてあげたいんです。私ができることをしてあげたいんです」

スタッフの心をつかむ、マネジメント術

黒岩さんがそこまでスタッフの目線に立ってものごとを考えられる理由、それはやはり前述した「落ちこぼれ経験」が大きな要因です。本人によればずっと「臆病者」だったことが大きいと言います。昔から人の目をすごく気にする人間、臆病な人間として育ってきました。

「人からどう思われているんだろうと考え続けていた。それがコンプレックスだった。でも、それが武器になったんです」

転機は、修行時代に単身スイスに渡ったときに訪れます。スタッフが世界中から集まるスイスのレストランで出会ったシェフ、フーバー氏が、黒岩さんを変えました。

「言葉も考え方も宗教観も違う。そんなスタッフたちをまとめているフーバーさんはすごかった。料理もさることながら、個性的なスタッフの指導方法を数多く学びました」

コンプレックスを抱いていた黒岩さんは、それまで「他人が自分をどう思うか」を常に観察して生きてきました。その観察力を違うことにいかして成果を上げている、それがフーバー氏だったのです。彼がやっていたのが「おうかがい」でした。

まず厨房に入ったらスタッフ全員と握手を交わし、笑顔を誘い出します。そして、フランクな会話をしながら、その日の相手の状況など、情報を引き出していたのです。

「困っていること、求めているもの……そのときどきの欲求を引き出すのが抜群にうまかった」と黒岩さんは回想します。

そのスイスのお店のオーナーシェフは、いつもお金のことしか考えていなかったそうですが、フーバー氏は違いました。常に周囲に声がけをして、いつも情報（スタッフの心の状態）を気にする。そんなフーバー氏の姿を見て、黒岩さんが自分のコンプレックスが、「武器になる」と初めて気づいたと言います。

「相手を気にすることは悪いことではない。そこから相手の情報、状況を引き出すことで、一歩踏み込んだコミュニケーションが生まれる！」

その手法を取り入れて、奥さんと二人で始めたフレンチレストランは急成長。その要因は、コンプレックスを強みに転じたことと言えるでしょう。つまり「マネジメント術」ではなく「思いやりがあるスタッフの立場を考える支援の環境」をつくることに集約されているのです。

ル・クロ名物「ミーティング」

多くのレストランと同じように、ル・クロでも毎日スタッフを集めてミーティングを行っています。基本的には各店舗において朝夕晩の3回。閉店後はみっちり1時間もの時間を割いています。月に1度は黒岩さんが各店舗のトップ陣（取締役）を集め、業務終了後から明朝までのロングミーティングを行います。

「人財教育の面で、ミーティングをとても大切にしています。ミーティングは業界では当たり前のことですが、それ以上に僕らはたくさんの意味を見出しています」

ル・クロのミーティングでは、いったい何をしているのでしょうか。たとえば、業務終了後のミーティングは、その日一日の「振り返り会」となります。その日に来店されたすべてのお客様の店舗記録に目を通し、全員の顔を思い出しながら、お客様がほんとうに満足してくださったのか、スタッフ全員で検証する作業を行うそうです。毎日ル・クロの営業が終わるのは、深夜0時を回ります。また、本来であれば夜10時までの営業ですが、食事をゆっくり楽しまれたいお客様がいらっしゃる場合は、追い立てるようなことは絶対にしないのがル・クロのポリシー。営業終了後は後片づけのみならず、1時間かけてのミーティングもあるため、つらい環境でないと言えば嘘になるでしょう。でも、そのつらさを補って余りあるミーティングを、ル・クロは共有していきます。

今、どの組織においても、人財教育といったらOJT（仕事の現場で、実際の業務を行う過程で、必要な知識や技能を習得させていく方式）が主流です。飲食業界はその最たるもので「とにかく現場に立たせて経験を積ませる」というのが常識。しかし黒岩さんは昔からそこに疑問があったといいます。それは「兵士を、武器を持たない丸腰の状態で戦場に立たせるようなもの」と指摘します。

「要するに、最初から『負けろ、挫折しろ』と言っているのに等しい。ル・クロでは、新人に対してそんなことはしたくない。立派に成長してほしい、一流のプロフェッショナルとして育てたいと思って採用しています。だから私たちは、その『武器を配ること』から人財教育を始めるのです」

「基準」がキーワード

もう一つ、新人スタッフがしっかりと業界に根を張れるために、取り組んでいることがあります。さまざまな感動を生み出すル・クロ。これは、トップとスタッフの意思疎通がしっかりとしなければ達成できないものです。では、なぜこうした一体感が醸成されるのでしょうか。黒岩さんはそのポイントとして、「基準」という言葉を使います。

「職場のなかに、いろいろな基準を持ちたいと考えています。そうでなければ、まずお客様を感動させることができません」

いざ「基準」と言われてもスタッフは戸惑うかもしれません。そこはやはり「強い目標をトップ陣が発信していく必要がある」と黒岩さんは言います。

「私たちは、お客様が満足する基準を明確に考えます。基準の明確さがないと、若いスタッフは絶対に迷います。力強く、そしてみんなが納得できる基準をつくること。それがよい職場風土につながり、やがてお客様へと還元されていくと思っています」

それが経営理念であり、クレド（「信条」「志」「約束」を意味するラテン語。企業のよりどころとなる価値観、行動規範などを簡潔に表した文言のこと。またはそれを記したツール）につながります。ル・クロではクレドカードをスタッフ全員がポケットに入れて行動しています。そこには、こう書いてあります。


「チームル・クロはお客様を心で迎え、お客様が望まれる美味しいお料理とお客様が望まれる充実した空間を提供する事が使命です。

ル・クロスタッフは全てのお客様の喜びの創造に貢献する。

ル・クロのおもてなしはお客様の心のなかにある願望や求めている物をお察し・お伺いする事であり、限られた時間で最高のパフォーマンスを提供しお客様の喜びの余韻を少しでも長く寄与することが〝ル・クロスピリッツ〟である。

ル・クロは、「食」をもって饗（おもてなし）の「郷《さと》」である」


「基準は意味合いを間違えると、締めつけや、強制にもつながりかねません。だから、相手が納得するまで説明します。スタッフは理念を言えば言うほど仕事に迷いなく従事することができます。理念、クレドを共有するために、基準があると思っています」

最近は大阪市など自治体からの要請で、キャリア・食育・社員教育・ひきこもり対策の講演会で話すこともある黒岩さんですが、今の若い人を見ていて感じるところがあると話します。

「若い人たちは、なぜ職場でもっとのびのびと振る舞えないのか。見ていてとてもかわいそうです。しかし、それは自分のなかに基準を持っていないからだと思います。自分のなかにしっかりとした芯を構築して、仕事に邁進する。そうすれば、笑顔や笑い声があふれ、表情が豊かな職場ができるはずなのです」

人財の成長が、店の成長につながる

「人ありき」の経営が信条の黒岩さん。彼は、スタッフに全幅の信頼を寄せています。

「飲食業界は、腰かけ気分で、ちょっとしたら辞めていく人も珍しくはない業界。ですが、私は真摯に向き合って、ちゃんとやれる人がきてくれたら、その人にお店をまかせたいのです。すると、次々とそういうメンバーが出てくるから不思議なんです」

黒岩さんにとって今の大きなチャレンジは本場フランスのパリ・モンパルナスへの出店です。２０１３年12月、悲願であったフランス、パリ店が開店しました。

店名は「ル・クロ・イグレック」。今回、同店をまかされる池田佳隆シェフのイニシャル「Y」のフランス語の発音を、店名に冠しました。

大阪のフレンチレストランが、本場パリに挑むのは史上初ということです。

この出店は、黒岩さんの〝虚栄心〟からではありません。自然とスタッフが育ち、お店をまかせられる人財が育ったからこそなのです。

「飲食業の経営はノリで挑戦するというのは無理なんです。人を育てるということにいかに時間を割いて取り組めるか、それが勝負だと思っています」

「利他の心」がひとりでに育つ環境

スタッフを統率する黒岩さんは、「若いスタッフから、逆に学びたくなることも多い」と言います。たとえば入社してわずか数カ月のスタッフ・Uさんの成長に、最近驚かされたと教えてくれました。

Uさんは、お盆休みで田舎に帰省したとき、生まれて初めて、親に「今まで育ててくれてありがとう」とお礼を言えたそうです。これは、「彼が『純粋に相手のために考えて、そのときどきで最善の行動をする』ということを心がけてきた結果」と黒岩さんは言います。

「愚直に相手のためを思って毎日を過ごすことで、わがままではなくなる。親からすれば『まったく変わった』と思えるのです」

つまり、「フォー・ユー（for you〝あなたのため〟）」であり、「利他の心」が育つ環境が大事なのです。

これほどまでに、社員にもお客様にも深くかかわる。自分たちができる限りのベストを尽くす。黒岩さんは、そのモチベーションの根源を「感謝」だと答えます。

「これまでかかわってきた人たちに、少しでも恩返しができればと思っています。その感謝の気持ちが、私を動かしています。また、スタッフにも『みんなに感謝できる』ということの仕事を、ぜひ好きになってもらいたいのです」

「お客様の喜びは私たちの喜び」という理念が全スタッフ、そしてかかわる人すべてに伝わっている驚異のフレンチレストラン。

それが、黒岩功さんの「ル・クロ」です。

国際ボランティアが育む、心の通ったおもてなし

株式会社矢場とん

ティータイムの時間になっても、行列の絶えない老舗のみそかつ屋、矢場とん。名古屋発、〝外食産業チェーンの勝者〟というイメージが強いかもしれませんが、カンボジアに学校を建設するという活動も活発です。それは、国際貢献にとどまらず、社員教育までを見すえた、意義のあるものです。よりよく働くために、幸せになるために、社員に学びを提供する矢場とん。その姿勢に「人生の学び舎」とも言える温かさを感じる方も、多いことでしょう。

「休憩なし」で1日営業、行列のできるみそかつ店

「矢場とん」は全国に17店舗を構える、名古屋名物・みそかつの専門店です。

２０１４年で、開業67年目。今では親子三代でお店に来てくれる家族もできました。

「一人でも多くの人に来てもらいたい」との思いから午前11夜～閉店までの間、休憩なしで開店しています。これは当店の創業時からの方針だそうです。

「多忙な人が増え、きっちり正午にランチをとるのが難しい状況だって珍しくないでしょう。そんな人たちのお役に立てるのなら、休んでいるひまなんてありません」

これは女将《おかみ》である鈴木純子さんの弁。女将は、現社長・鈴木孝幸さんの妻でもあります。

社員を巻き込んだ、カンボジアへの募金活動

矢場とんでは、本業とは別に「カンボジア小学校建設プロジェクトが進められています。まだまだ学校の整備の追いつかないカンボジアに、小学校をつくっていこうという試みです。この取り組みで、昨年カンボジアに3校目の「矢場とんスクール」が開校しましたが、同プロジェクトは、女将が中心となって始まりました。

「教室でキラキラと輝く真剣なまなざし、そんな子どもたちを見ていると、矢場とんスクールをつくってよかったと心から思うのです」と女将はニコニコと話してくれました。

言葉は通じなくとも、子どもたちの真剣なまなざしははっきりと伝わります。矢場とんスクール1校目ができてから6年がたちますが、今でも子どもたちは、とても大事に校舎や渡した文房具を使ってくれています。

女将の思いが届いたのは、カンボジアの子どもたちだけではありませんでした。カンボジアの国の対応の早さも驚くべきものでした。カンボジア政府は、女将がプロジェクト案を持ちかけたとき、すぐに応じ、さまざまな調整をしてくれました。女将はその対応の早さと熱心さに驚き、とても頼もしく思いました。そして「カンボジアの将来を支える子どもたちがより多くの教育の機会を得られるようになってほしい。私たち矢場とんが学校を建設することで、少しでもお役に立てたら」と感じたそうです。

同プロジェクトが始まったきっかけは、2005年に女将がカンボジアに旅したことでした。数多くの国を旅してきた女将ですが、当時のカンボジアの風景は幼いころに見た日本の終戦直後を感じさせました。それと同時に、今の日本のあり方を考えさせられ、「何かできないか」とカンボジアに親近感を抱いたのです。

「終戦直後の日本はいろんな人に支えられ、いろんな国に助けてもらった。今度は私たちが何かする番ではないか。もし何かやるならば、私一人の小さな力ではなく、矢場とんという会社として大きな力を発揮できないか。それはきっと、社員教育にもつながるだろう」と女将は確信していました。

「カンボジアで何か活動をすることは、今の社員にとって外に目を向けるよい機会のはず。カンボジアの現状を見て、今、自分たちに安定した暮らしと仕事があることの幸せに気づいてほしい。今与えられている場所が、当たり前ではないと感じてほしい」

2005年にそう思ってから、女将は「やるなら失敗のないように」と2年間構想を練ってきました。

その後、女将は偶然にもカンボジアに学校を建てる募金活動を手伝う経験をしたときに、「学校を贈るなんて、なんとすばらしいことだろう」と思うと同時に、自分もそんな学校の建設にかかわりたいと強く願うようになりました。費用について調べたところ、500万円で建てられることがわかり、ますますその気持ちは高まったそうです。

そして、2007年の矢場とん60周年記念式典の際に、大々的に『カンボジア小学校建設プロジェクト』を発表しました。そこから行動に移すのは早く、2008年9月10日にカンボジアに矢場とんスクールの1校目を開校することができました。このときの建設資金は、式典でいただいたご祝儀を募金に変えたものでした。

当初から、10年で5校を建てるのが夢として持っていましたが、女将は社員に募金を強制するのは違うと考えていました。そういった形で集めたお金は、ほんとうの意味での募金とは違います。「人のためになにかできる人になってほしい」という社員への思いがあるからこそ、自主的に気づいてもらえるようになってほしかったのです。

まずは社員にカンボジアの現状やこれから会社としてできることを詳細に伝えることから始めました。そして、この募金活動が少しずつ浸透していった結果、1年で約350万円が貯まりました。プロジェクトを始めて2年目には「カンボジアに行きたい」「現場を見たい」という声が、自発的に社員から上がってきたそうです。実際に現地に行き、子どもたちにふれ、子どもたちを見ることで自分たちの思いや募金がどういった形になっているのかを感じた社員は「このプロジェクトに参加できてよかった」と口々に言い、その後も継続的な活動につながっていきました。社員たちの理解と協力を得て、女将は「毎年社員と一緒にカンボジアへ行こう」と決意したのです。

「〃他人のために、お役に立つ人〃になってほしい」

矢場とんは「一流の大衆食堂になること」を経営理念として掲げています。また、矢場とんが一流の大衆食堂になるためには「働いている人が一流であること」が大前提であること、そのためにも、社員に対する研修は会社にとって重要であると女将は考えています。

社員研修の場として、カンボジア小学校建設プロジェクトはとても有効に機能しています。毎年、必ず社員研修を利用し、社員とカンボジアの矢場とんスクールに視察に行きます。自分たちがしていることを、現地において目で見て肌で感じてほしいからです。「自分のためだけではなく、人のために何かできる人になってほしい」

このように同プロジェクトには、カンボジアの子どもたちと同時に、社員への思いが込められています。

社員のみなさんがカンボジアに行き、「募金によって建設された学校がどのように活用されているのか」を見ることで、次の取り組みについて考えられるのだと語ります。あわせて、社員には社会奉仕を行っているという自覚も芽生えています。

また、このプロジェクトを始めたことは、多くの周りの人々に賛同をいただいています。「一人では大きな力にはなれないけれど、協力はしたい」と思ってくれる人が、周りに多くいるそうです。

たとえば、矢場とんスクールに通う女の子で足の不自由な子がいます。その子は、足が不自由ではあるものの、がんばって毎日楽しみに学校に来ているそうです。そんな話を知人にしたところ、その話があっという間に広まり、歩行器をつくっているメーカーにも伝わりました。

そして歩行器メーカーから「何か自分も協力はできないか。多くの歩行器は寄付できないが、まずはその子に使ってもらえる歩行器を寄付したい」という申し出を受けるまでになりました。

その言葉を受け、女将は社員とともに歩行器をカンボジアに運びました。足の不自由なその女の子に歩行器を贈ると、すぐにうれしそうに使い始め、今までより上手に歩き始めました。彼女だけではなく、彼女のおばあさんなど周りの人たちも喜んでくれました。特におばあさんは、涙を流して喜んだほどです。

女将は、そのときのおばあさんの涙を忘れられないそうです。

また女将は、「寄付するものはどのようなものであっても、子どもたちに直接手渡しをする」と決めているそうです。「子どもたち一人一人と目を合わせて、向き合いながら渡すことで、社員にコミュニケーションがつながるのを実感してほしい」と考え、向かい合った形での手渡しを続けているのです。子どもたちは笑顔で「ありがとう」と日本語で伝えてくれます。

いつの間にか、子どもたちも「感謝の気持ちを心から伝えたい」と、日本語での「ありがとう」をこっそり勉強してくれていていたのです。

カンボジアに「矢場とんスクール」の2校目が開校した日、村をあげて約2千人が開校式に来てくれました。それは小さな村のほぼ全員ともいえる数の人たちでした。そして、村の住民が女将や社員に感謝を言いにきてくれました。なかには涙を流す社員もいました。遠く離れたカンボジアで、いろいろな人との心のふれあいが生まれているのです。

また、女将はこうも語ります。

「ボランティア活動や社会貢献というと、少し構えてしまったり、肩に力が入りすぎてしまったり。そんなイメージが、一部にはまだまだあるかもしれません。でも、そのおおもとの精神は『利他』。自分だけではなく他人のために、お役に立とうとすることです。自分自身に余裕のないときは、なかなか難しいことかもしれませんが、『利他』はよりよく生きていくうえでは欠かせない精神でしょう。だから、社員には『利他』の精神で、他人のことにでも当たり前のように気を配れる。そんな人になってほしいのです」

「誰かのお役に立つこと」こそ、生きる喜び

女将はこうも考えています。

「いつからか、会社というものは経営者が社員に報酬や、仕事の技術などさまざまなものを与え、社員はそれらをただ受け取るという一方的な関係になってしまったような気がします。でも本来はそうではなく、互いに与え合う関係でなくてはなりません。

この考えは、社員教育はもちろん、プロジェクト活動にも共通しています。プロジェクトでボランティアをしているからといって、私たちはカンボジアに与え続けているだけではありません。

どんなことも、『与えているだけ』では互いに高め合う、理想的な関係ではありません。たとえ一つでも、何かを得て帰ってくることが大切です。

では、私たちが持って帰ってくるものとは何でしょうか。それはこのプロジェクト

を通して社員が『私たちにも何か人の役に立つことができるのだ』『このプロジェクトに参加できてよかった』、そう感じることです。私は、その思いだけで十分だと考えていますし、社員も充実しているようです。

このプロジェクトを開始してから、参加する社員の顔つきが変わってきました。『誰かの役に立っている』という実感を持つことができ、いきいきとした顔つきになっています。『誰よりも率先して仕事をする」という心が、社員全員の心に芽生えた気がします。それは『仕事をすることや日々の業務が、どこかでプロジェクトにつながっている』と感じているからです。

実際に日常の業務のなかで、困っている人を見過ごさずに助けるようになり、『自分には関係ない』という自己中心的な感じ方をしなくなっています。自ら進んで、『人のために、私にできることはなにか』ということを、自主的に考えることができるようになっています」

「食べていく手段」以上の仕事をめざす

「カンボジアのプロジェクトを通して、社員の意識は確実に変化している」と女将は言います。

「『学校ができる』という具体的な目標を社員同士で共有したことで、同じ目標に一緒に取り組むすばらしさを感じ、仕事にいかすことができるようになっています。いらっしゃっていただいたお客様に『少しでもおもてなしを感じて帰っていただく』という気持ちが、社員間でうまく連携しているのです。その心が、いままで以上にお店のおもてなしの雰囲気をつくり出しているように感じます。あとで述べますが、それが私たちの『マニュアルのない接客』につながっているのです。

どんな社員にも、『仕事をするのは生活していくため』という意識が少なからずあるものです。もちろん、生活のために仕事は不可欠ですが、そんな動機だけでは、仕事はなかなか面白くならないでしょう。『日常を楽しむために仕事をするだけではなく、自分の生きる目的として、仕事を楽しんでほしい』、そう思っていたので、このプロジェクトは社員によい刺激を与えてくれました。

いろんな人から『すごいね』『よい取り組みをされていますね』と声をかけていただくようになりました。確かに、実際に形にしていくのは大変なことです。しかし、どんな困難にもあえて向き合うことによって、人と人との新たなかかわりや、社員の成長や絆が生まれたりしています。

業務以外にも社員の変化は現れています。普段から、『何か支援できることはないか』と考えるようになったことだけではありません。『自分たちの暮らしがとても恵まれていること』を自覚したせいか、暮らしや社会に対する見方にも、変化が生まれているようです」

マニュアルは、社員それぞれの心のなかにある

女将は、今までさまざまなお客様と出会うことができたそうです。

矢場とんには「お客様に声をかける」「お客様の懐にどんどん入っていく」という独自の接客ポリシーがあります。「お客様に楽しくお食事をしてほしい」という思いのもと、一人で来店しているお客様には積極的に話しかけます。そのような方針で営業しているうちに、3日に1度来てくれるお客様が現れました。

なんと、結果的に7年間で1500回も来てくれました。

その理由は、「おいしいのはもちろんだけど、ここにくると店員さんたちが話しかけてくれるので、楽しく食事ができるから」。それを聞いた女将は胸が熱くなったそうです。そして、「お客様は一人一人みな違う、一人一人のお客様を見て対応していく、だからあえてマニュアルはつくらない」と決めたそうです。

マニュアルがないということは、「細かいことを覚えなくてよい」という反面、自分

の頭で考え、あらゆる場面や問題に個別に対処しなければいけないということです。現場の社員にとっては、「きちんと仕事をする」という真面目さ以上に機転まで求められることになり、大変なことのように思えます。

しかし矢場とんの社員たちは、めいめいがそれぞれの持ち場で最大限に工夫を重ね、特に接客などでは臨機応変なサービスを提供できるようになってきたと言います。

たとえば、難聴者が店に来られたことがあります。

普通であれば「手話ができない」などと、接客を戸惑うかもしれません。しかし、その場に居合わせた女将は「たとえ手話なんてできなくても、思いが強ければ心を通じ合わせることはできる」と、ものおじせず、平素と変わらない接客をしました。

一つだけ、いつもと違ったことがあります。それは「口をはっきり大きく動かして、発音する」という点です。

「このお客様に、どうしたら伝えられるのか」を最大限に考えた結果でした。そのお客様は今、矢場とんのリピーターの一人です。

「相手が誰であろうと接客や対応は変わらない」、女将のこんな熱い思いが、「マニュアルがなくても最高のおもてなしができる社員」を育てています。

永続的、発展的な関係が目標

「子どもたちの教育とは小学校だけで終わるものではない。できれば就労する歳になるまで、教育を受け続けて、よりよい大人になってほしい」。

そんな女将の思いから、今後はカンボジアで、小学校に加え、中学校や高等学校、はたまた専門学校を建設していく予定です。たとえ小学校までは通えても、その先には一切進学できない子がたくさんいるからです。小学校へのサポートも継続する一方で、「より高いレベルの教育を受けられるようにしていきたい」と女将は願っています。

そして、さらなる夢は「高校や専門学校で日本語の授業も取り入れ、カンボジアの子どもたちに日本にもっと興味を持ってもらうこと」。矢場とんスクールに通う子どもたちからは「いつか日本に行ってみたい」「いつか日本に恩返しがしたい」、そんな声も出始めているそうです。

将来的には、1年間に10～15人くらいの子どもたちが日本に来られるようなプロジェクトを立ち上げたいと、女将は考えています。断片的なサポートではなく、できるだけ長い目で、子どもたちの未来づくりにかかわっていきたいというのが女将の願いです。

おいしさ以上の価値を、全国のお母さんに

有限会社十勝しんむら牧場

「ほんとうに安心、安全なものをつくりたい」。

そんなシンプルな理念に突き動かされ、放牧酪農を行う十勝しんむら牧場。

ここでは自然の生態系を活かす取り組みを実践中です。

また、オリジナル商品もヒット、新たな北海道名物となりました。

「お客様のことを考えたら、安全にこだわるのは当然のこと」。

そう語る経営者の志の高さは、感動を呼ぶだけでなく業界をリードしています。

初のオリジナル商品で、ヒットを飛ばす

十勝しんむら牧場を訪れると、酪農を永続させるための思いや、そのやさしい空気感を肌で感じることができます。牛乳は低温殺菌でにおいがなく、のど越しがよくてあとに残らない牛乳です。

この牧場の牛乳には、「おいしさの秘密以上」の物語が隠されています。

2000年4月1日、北海道河東《かとう》郡にある十勝しんむら牧場は、自社のオリジナル商品第1号となる「ミルクジャム」を発売しました。「日本初の商品」としてメディアに取り上げられたことも手伝い、1個630円の商品が、最初の1カ月で約1600個、約1000万円分も売れたのです。4代目社長・新村浩隆さんが信念を持ち続けてきた放牧酪農への取り組みが間違っていなかったことを証明した瞬間でした。

同社の牛から生まれた牛乳や、ミルクジャムを食したお客様からは、さまざまな声や手紙が届きました。「牛乳が、想像をはるかに超えておいしかった」「朝食を食べたがらなかった子どもが、ミルクジャムに出会ってからパンを食べるようになってくれた」など、30〜40代の子育て世代の母親からの声が多いようです。

こんな感謝の手紙もあります。

「牛乳がとてもおいしく、5歳の長男はいつもの味と違うことがわかるようでゴクゴク飲みます。1歳の次男も、いつもより一生懸命になってゴクゴク飲んでいます。私も大地の恵みをありがたくいただきました。牧場のみなさまのよい仕事のおかげでこちらまで幸せな気分にさせていただきました」

「農業を営む者にとって、安心安全な商品づくりに専念した結果、お客様がこのような評価をしてくれることは何よりもうれしいこと」と新村社長は言います。

なかには育児に追われる母親の声もあります。

「子どもにも食べさせますが、子どもが寝た後や、幼稚園へ送り出したあとの自分のホッと一息いれるときにミルクジャムを食べます」

同社の商品が、このように幸福な時間を提供できるということは、会社として、なんと幸せなことでしょうか。

ヒットの裏にひそむ、放牧酪農の〝下積み時代〟

新村社長にとって、自社のオリジナル商品の開発・販売は一つの大きな目標でした。自らが価格決定権を持ち、自信のある商品を適正な価格でお客様に直接販売していくことは、同社の永続に不可欠だととらえていたからです。「永続」という言葉は大げさに聞こえるかもしれませんが、同社の経営理念「食べる人のための農業を実践し、次世代に継承し続ける企業」にあるように、新村社長の決意はまさに「永続」を大前提として社会とかかわることをめざした放牧酪農の事業だったからです。

オリジナル商品の試作を開始した当時、同社に製造工場はありませんでした。しかし放牧酪農が効果を上げたことで、トラクターなど一部の重機が不要になった車庫の空スペースを工場として活用することができました。注文の殺到に、新村社長夫妻、社長の母親、はたまた実習生の合計4名はうれしい悲鳴を上げながら、忙しい日々を送りました。社長自身も、多忙な業務を抱えながら、毎日早朝5時から深夜3時まで、寝る間も惜しんで牛の世話とミルクジャムづくりに専念したそうです。

同社の商品に、なぜ多くのお客様が殺到したのでしょうか？

それは、新村社長が悩み抜いた末にたどりついた「自然の潜在力を引き出す持続可能な酪農」というビジョンに向けて、愚直に努力を重ねてきたからと言えるでしょう。

新村社長が放牧酪農を開始したのは1994年のことでした。それまで牛舎で飼っていた牛を、柵で囲った放牧地に放しました。当初、広大な自然のなかで自由に放牧されることを牛も喜んでくれると思っていました。しかし、その考えは甘かったのです。牛たちは畑をぐるぐる回って入口に戻り、「早く牛舎に帰してほしい」といった様子でした。なぜそんなことが起こったか？　「放牧地に生えている草が、牛にとっておいしくなかったからだ」と新村社長は思い至ります。「放牧」という言葉によいイメージばかりを抱いていた新村社長でしたが、単に放牧しただけでは牛にとっての喜びは、さほどない」ということを痛感したのです。ここからほんとうの意味においての同社の「放牧に向けた取り組み」が始まります。

8年かかった土壌づくり

なぜ、草はおいしくなかったのでしょうか？　その原因は「土」にありました。新村社長は、土壌の生態系を復活させる大がかりな取り組みを開始しました。土壌分析の指導は、考え方の合致したニュージーランド在住の農業コンサルタント、ドクター・エリック川辺氏に依頼しました。同氏は東京農工大学で博士号を取得後、ニュージーランドの大学で農学修士を取得し、世界的に活躍する農業コンサルタントです。同牧場は26区画に分けて放牧地を管理していますが、1区画ごとに土壌のサンプリングを行い、同氏が信頼をおくアメリカの研究機関で分析を行い、その結果に基づいて同氏が施肥設計を行いました。

同氏によると、はじめは土のバランスが非常に悪かったそうです。一般的に「畑には約65%のカルシウムがあるとよい」そうですが、同牧場の土壌に含まれるカルシウムは約45%でした。ひどい場所は40%を切っていたそうです。土も人間と同じようにカルシウムが大切です。さらにマグネシウム、窒素、微量要素なども必要です。新村社長はドクター・エリック川辺氏の指導を受け、着実に効果を上げていきました。

とはいえ、土壌改良には最低3〜5年はかかります。新村社長は土壌分析をして、手間ひまをかけ、土と向き合い続けました。肥料代などの費用も莫大にかかりました。

その結果、3年目くらいから牛が草を積極的に食べるようになり、とうとうミミズの姿が見られるようになりました。以前、牛たちは糞の周りの半径約1メートルは食べ残していましたが、今では糞の近くまで食べるようになりました。さらには、牛糞を分解するためにいろいろな虫や、それを食べにくる鳥などが集まり始めました。そうなると生態系に循環が生まれます。

秋になれば草が枯れ、それを微生物が分解することで土に戻るようにもなったのです。

驚くべきことに、牛糞があまりにおわなくなりました。それも、土壌のバランスが好転した一つのサインだったのです。こうやって、牛糞も含めて、土壌中にたくさんの生態系がつくられていきました。同牧場に、自然の潜在力が生まれると同時に、その循環も始まったのです。土壌づくりを開始してから3～8年後のことでした。

土壌改良の予期せぬメリット

循環の効果は、まったく予期せぬことでしたが牧場の経営に多くのメリットをもたらしました。まず肥料の量が少なくなりました。また、牛がたくさん草を食べてくれるようになって、穀物など外から調達する飼料の費用が激減し、牛の病気は、ほとんどゼロに近づきました。牧草の収穫作業も少なくなり、重機の燃料代も減りました。以前はあまり健康ではない牛もいたものですが、土壌改良後は健康な牛ばかりとなりました。

補助金への依存度は下がり、輸入穀物の購入量も減り、化石燃料の消費量も下がり、経営体質は確実によくなっていきました。

このようにして「土つくり」「草つくり」「牛つくり」に数年という単位での取り組みが実を結びましたが、次に重要な課題がありました。それは、健康な牛たちから搾ったとびきりの牛乳から、いったい何をつくるか、という問題でした。

社長の「悲願」である「価格決定権を持ったオリジナル商品の開発」です。経営状態が上向いた結果、幸いにも、そんなことを考える時間もつくれるようになりました。牛が健康になったので、世話の時間も減ったからです。たとえば以前、700キロの牛が寝たきりになったときは大変でした。1日40〜50リットルの水を牛のもとまで手で運び、草を口元に運びます。エサやりだけならまだしも、700キロもある牛が横たわっていると、牛自身が床ずれでうっ血してしまう危険性もあります。牛は、一度体がマヒすると立てなくなるので、1日に何度も重機を使って持ち上げ、寝返りを打たせなければなりません。

気の遠くなるような話ですが、牛が健康になったことでそういった重労働も目に見えて減りました。

その空いた時間で、新村社長はさまざまなセミナーや勉強会に参加し始めます。勉強会では「自分自身に投資すること」「いろいろな経験をして多くの経営者に会って話を聞くこと」「いろいろなものを見て、なにをやりたいのかしっかり考えること」が重要だと再認識しました。

今までは持続可能な酪農を実現させるために土壌改良だけに注力していましたが、これからは経営者として積極的に外部とのかかわりをつくっていこうと意識を新たにします。

「農業ビジネス」のあり方を自問し続ける

新村社長は、今でも印象に残っているあるセミナーのタイトルを教えてくれました。それは「店は客のためにある」というフレーズです。よくよく考えてみると当たり前のことですが、新村社長は「実際に、農業ではどうなのか？」と疑問に感じたそうです。

先のフレーズに当てはめてみると、「農業は食べる人のためにある」、はたして、ほんとうでしょうか？　ときどき聞く話ですが、「自分が食べる野菜と出荷する野菜では別々の畑でつくっている」「自分のところで搾った牛乳はちょっと飲めないから、別の店でよいものを選んで買っている」

そんな農業や酪農の関係者もいたことを思い出しました。そして、「食べる人のためを思って、ほんとうに安心・安全なものをつくっている人は実は少ないのではないか」と気づいたのです。

その主催元のセミナーには、頻繁に参加するようになりました。参加者は、会社経営者が中心で、経営者同士がひざを突き合わせて話し合うことができました。新村社長は「土つくり、草つくり、牛つくり」を掲げつつ、経営者としての感覚も磨きながら、大ヒット商品となる「ミルクジャム」を生み出していくのです。

「農業を憧れの職業に」

そもそも、新村社長が酪農を志したきっかけを振り返ってみましょう。4代目として自動的に牧場を継ぐのではなく、よくよく自分の頭で考えてのことでした。

牧場は1933年、新村社長の曾祖父によって始まりました。草地が約70ヘクタール、山林が約30ヘクタール。総頭数150頭（うち搾乳牛95頭）。2歳未満の子牛は約60頭、これは、十勝では平均的な規模です。

北海道の牧場は放牧中心と思われるかもしれませんが、実際に放牧酪農は5％もありません。放牧酪農は農協や国が進めている政策とはまったく反対の考え方です。多くの牧場では品種改良して体が大きくなった牛を牛舎内で育てた結果、牛は草だけで自分の体を維持できなくなりました。今の日本では残念ながら、「トウモロコシや大豆など栄養価の高い輸入穀物、決しておいしいとは思えない草を強制的に食べさせて、牛乳をたくさん搾る」という「経営最優先型」の牧場が主流となっています。

定期的にタンクローリーが牛乳を回収にやってきては月末には入金されますので、経営者は牛乳を多く搾れば搾るほど収入増になります。トウモロコシや大豆は投機マネーの影響を受けることもありますし、実は牛はあまり多くのトウモロコシを食べてしまうとその脂分が胃を壊す原因にもなります。

しかしながら牛乳の味は重要視されないので、胃を壊した牛であっても量を搾る経営が主流となります。同牧場の牛は1頭あたり1年間に8100キロぐらいの乳量です。たくさん搾っているところは9千〜1万キロになるそうです。牛から絞り取った牛乳は、多くなればなるほど、当然、農協からは評価されます。世のなかには、育種や飼育の改良を重ねて1年間に約2万キロも搾乳できる牛がいるそうです。

新村社長は小学校のころから、「将来は牧場で働くのだ」と漠然と考えていました。しかし「休む間もなく仕事をしている」と思うと、酪農に嫌気がさしたこともあったそうです。

大学は酪農大学に進学。しかし就職活動中の先輩から、「30〜40社面接して、どこか1社も引っかかれば、ありがたい」というような話を聞きました。学生にとって「希望通りに就職できる可能性は、とても低い」という現実に気づかされたのです。そこで、自分が「一生続ける仕事」として家業の「酪農」を改めて見つめ直し、その価値を再認識したのです。

「酪農には『3K』(きつい、汚い、危険)というイメージがつきまとうものでしょう。

私は、そんな酪農を憧れの職業にしたい」と新村社長は語ります。

オリジナル商品を生み出すまで

酪農を肯定的にとらえられるようになった新村社長。次に降りかかった難題は、「牛乳で何をつくるか」という問題でした。

あるセミナー（勉強会）で、「どんな商品をつくればいいのか」とある経営者に相談してみました。通常、酪農家のつくる乳製品といえばチーズやバターやアイスクリームと考えていた新村社長ですが、その経営者は「ケーキ屋をやりなさい」と助言してくれたそうです。新村社長は想定外の答えに戸惑いましたが、「自分でつくった牛乳を、お客様がほしい形にして販売すること」と理解したのです。

そのころ、たまたまフランスに行った知り合いから、フランスでは「牛乳ジャム」が一般的だったと聞き、牛乳と砂糖を煮詰めてつくる非常にシンプルな製法に心ひかれました。つくりはじめは完成形が見えず、手さぐり状態でしたが、最終的に地元北海道産のビートグラニュー糖を使って、おいしさを実現することができました。ついに納得の自社オリジナル商品「ミルクジャム」が２０００年４月に販売開始となったのです。

「ショーウィンドー型の牧場」から、理念も発信

同牧場の商品を食べていただくにはどうすればよいか。「牧場のコンセプトを正しく理解してもらうことが、まず大切」というのが新村社長のポリシーです。

その結果、遠回りに思えますが、最も確実な方法は「お客様自身に現場に来てもらうこと」。そこで、同牧場ではショールーム型の牧場をめざしています。

2005年には「CREAM TERRACE（クリームテラス）」をオープンしました。ここでは搾りたての牛乳やソフトクリーム、人気シリーズとなった「ミルクジャム」、そして日本初商品の第2弾、「クロテッドクリーム」などを楽しむことができます。

「CREAM TERRACE」の窓の外には小川が流れ、その周辺はきれいに整備されています。雑草管理は、放牧されているヤギの仕事です。ここでは多種多様な生物が共存しています。自然の摂理や無理のない生活の大切さに気づくことができる牧場なのです。

また、同牧場では6～7年前から幼稚園児を牧場に受け入れ、体験学習の機会を提供しています。園児たちには〝真新しい〟牛糞のにおいを嗅いでもらいます。牧場に

は糞がいたるところにあるので、比べることもできます。たとえば10日たった糞は、ほとんどにおわなくなっています。そして見た目は糞だった物体は土のようになっています。スコップで土を掘ってみせれば、土に住む虫たちがいることを知り、糞を食べることで生きていることを知るのです。これが本来あるべき自然の摂理です。

園児たちも、自然が循環していることを学ぶのです。牛からはおいしい牛乳が搾れ、バターやミルクジャムになること。そして、バターつくりなどの体験を通して「食べものをつくることは、大変なんだ」と感じるのです。

新村社長は、常に「自然であるか、不自然であるか」を自分の胸に問うているそうです。

人間が人間の都合を優先させて、牛に余計な穀物やおいしくない草を与えることは、本来自然の摂理に反することでしょう。新村社長は、あくまでも「自然な流れを守ること」に価値があると考えています。

三陸の未来と笑顔をつなぐ「おらが鉄道」

三陸鉄道株式会社

ＮＨＫ連続テレビ小説『あまちゃん』に登場する列車のモデルとなった三陸鉄道。お茶の間でもおなじみの存在になりました。

しかし、三陸沿岸の震災復興は遅れ、人口流出や過疎化など問題は山積みです。

そんななか、三陸鉄道の果たす役割は、大きくなっています。

人々の心のよりどころであることはもちろん、復興を経済的に後押ししています。

また、防災・減災などのメッセージも発信しています。

震災で随所が破壊された三陸沿岸

「ポーン！　ポーン！　ポーン！」と鳴る警笛の音。「ガタン、ゴトン！　ガタン、ゴトン！」と音を立ててゆっくり走ってくる白地に赤と青の線が入った一両編成の列車。震災で壊れた家の片づけをしていた沿線の人たちは、その走ってくる列車を見て驚きました。そして、笑顔になって、大きく手を振りました。

２０１１年3月11日、東日本大震災が起こり、地震と津波で甚大な被害を受けた三陸沿岸の被災地を発災から間もない5日目、「三陸鉄道」（以下、三鉄）の列車が走ったのです。

東日本大震災は、三陸沿岸のまちとともに、三鉄の線路や駅舎を随所で破壊しました。岩手県宮古市にある三鉄本社の建物（宮古駅に併設）は海岸から離れたところにあって無事でしたが、停電で電気もパソコンも使えませんでした。そこで、三鉄の鉄道員たちは、宮古駅に1台だけあった列車を災害対策本部にしました。車両はディーゼル車だったため、電気や暖房が使え、そこにホワイトボードや災害優先携帯電話などを持ち込みました。情報が混乱しないように、1冊の大学ノートにどんな指示、連絡・報告、協議事項などがあったかを書き込み、情報を共有化しました。夜はその列車の座席で寝ました。

大津波警報が解除された震災2日目の13日朝から、三鉄の鉄道員たちは沿線を見て回り、まちのあちこちが破壊されていることに驚きました。そして、三陸各地の路線を点検して回って、線路や駅舎の被災状況を調べました。曲がりくねって途切れた線路、橋脚ごと流された線路、多くの家々があったはずのまち並みとともに海に消えた駅舎など、鉄道網は多くの箇所が津波の威力で破壊され寸断されていました。

ただそんななかでも一部、内陸を走る箇所などでは、津波を免れて、線路の歪みなどの異常が見られないところがありました。また、被災によって生じた大型の被災物（ガレキ）などを取り去って、砕石を詰めれば走れそうな箇所もありました。

家や車などが破壊され、被災物に覆われて道路が通れなくなった被災地では、高台で無事だった線路の上を歩く人の姿が見られました。列車の走らない線路を頼りに、隣まちに歩いていたのです。

震災が起きるまで、三鉄が走っていた地域では、どんなにモータリゼーション（「動力化」「自動車化」の意。狭義では、自家用車の普及のこと）が進んだとしても、鉄道がなくては生活していけない人たちが多くいました。そんな人たちのなかには、三鉄への愛情がとても強く、被災したなかでも、鉄道が再び走り出すことを期待する声がありました。駅舎や高架橋とともにまちのすべてが流された島越駅《しまのこしえき》のあたりを見て回っていた鉄道員のなかには、被災した住民から、「三鉄はいつ動かすのか」と問われたこともありました。

三鉄の鉄道員たちは、そうした被災地の姿を見て、被災した人たちの声を聞き、「地域のみなさんが被災して困っている、列車を待ってくれている」「今こそ、地元の被災した人たちに安心を与えることで、うちが役に立たなければ」「走らせよう！ 動かせるところから動かそう！」と思いました。「地域の人たちが困っているときこそ、なくてはならない交通手段として列車を走らせなければ、自分たち三鉄の存在意義はない」と考えたのです。

そして、「なんとか1日でも早く列車を走らせることはできないか」と社内で検討し、被災を免れた箇所から点検、整備を行って、順次運転を再開しようと決めました。

もちろん、無事な箇所が一部にあったとしても、運行を再開することは容易なことではありませんでした。震災直後は、電話もメールなどの通信もほとんどつながりませんでした（岩手県庁や国土交通省など関係機関とは、災害優先携帯電話のおかげでほぼ連絡を取ることが可能でした）。被災状況を確認するための車用のガソリンなどの物資も不足していました。線路そのものの補修は自分たちでできても、壊れた家や車などの大きな被災物が覆いかぶさった線路では、外からの応援の力を借りなければできませんでした。しかし、三鉄の鉄道員たちは、あきらめず、不眠不休であらゆる手段を尽くして、1日も早い運転再開をめざしました。

震災5日後、希望を照らして走った三鉄

そして、震災から5日目の3月16日、被害が少なかった一部区間の久慈駅〜陸中野田駅間で運転を再開できたのです。三陸沿岸で同じように被災したJRは、まだ再開していませんでした。

その後も線路の復旧作業を急ピッチで進めて、3月20日には宮古駅〜田老駅間の運転を再開できました。

再開した列車は、地域の復旧・復興に少しでも寄与したいとの思いから、「震災支援列車」と名づけました。「第三セクターの公共交通機関として、地元の人たちが非常時で困っているときにお金はもらうべきではない」と考えて、2011年3月中は、無料で乗客を乗せました。

運転再開の一番列車では、乗客たちがお互いの無事を確認し合い、喜び合う声が飛び交いました。乗客たちのホッとしたような笑顔を見たとき、鉄道員たちは列車を走らせることのできる喜びで胸がいっぱいになりました。

列車には「車を持たない人」や「ガソリンがなくて車を使えず、動けない人たち」が大勢乗っていました。列車の運転士は、線路に人が歩いているかもしれないため、被災したまちを「ポーン！　ポーン！　ポーン！」と警笛の音を鳴らして走りました。通常なら時速90キロで走るところを25キロでゆっくり走りました。

被災物を必死に片づけていた沿線の人たちが手を止めて、列車に向かって大きく手を振りました。遠くの家にいた子どもたちも窓から手を振りました。発災から間もないとき、その一部再開した三鉄の列車を見て、沿線の被災した人たちは、驚き、感謝し、そして、勇気づけられたのです。

手を合わせてお辞儀をして、「(列車を) よく通してくれた」と涙を流しながら、鉄道員たちに感謝する姿も見られました。

不眠不休で被災に立ち向かい、運転を部分再開した現場の鉄道員たちは、「地域の人たちに列車が必要とされていることを強く感じました」、「地元の人たちの役に立ててほんとうにうれしかった」と話します。

踏切では、電気が通らず警報器が使えない状態でした。そのため、列車が通るたびに、鉄道員たちが、警報器の遮断機代わりにロープを手に持って上げ下げしました。踏み切りを行き交う人たちからは、「列車、早く動いたね。よかったね」と感謝の声をかけられました。

このころ、多くの乗客たちから、「こんな汚い格好で列車に乗っていいですか？」と聞かれたことがありました。被災した家の片づけをする人たち、行方のわからない家族を探す人たちはみな、泥にまみれていたからです。鉄道員は、「車内が汚れたら掃除をすればよいだけなので、そのままご乗車いただきました」「危険物以外なら何でも持ち込みＯＫにしました」と話します。

地元が待ち望んで開業した「おらが鉄道」

三陸鉄道は、国鉄線から転換した日本初の第三セクターとして、１９８４年４月１日に開業した鉄道です。その建設のきっかけとなったのが、１８９６年の「明治三陸大津波」です。

明治三陸大津波では、東日本大震災のときと同じように、津波で多くの人たちが犠牲になりました。三陸沿岸はもともと「陸の孤島」と形容されるほど交通の不便な地域で、救援物資の輸送もままならない状況でした。津波被害からの復旧対策として、地元の人たちが当時の逓信大臣に「三陸鉄道株式会社の創立申請趣意書」を提出したのです。それから88年後、国鉄時代には未開業だった区間も整備、完成させたうえで、三陸沿岸の地元の人たちが待ち望んでいた「おらが鉄道」として三鉄は開業したのです。開業当日は、全線開通を祝う地元の人々の喜びの渦が各駅で見られました。

温かいふれ合いのある、日常の足

三鉄の運転士たちは、こんなことを話してくれました。
「乗客が何を望んでいるかをいつも頭のなかで描きながら運転したり、切符を切ったりしています」「乗客の方にできる限り親身になるように心がけています」「お客さんから、ありがとうと聞けたときがいちばんうれしい」……。

乗客の表情から、「どんな気持ちで乗ってくれているか、困りごとがないか、応対に満足してくれているか、見ているとなんとなくわかります」と言います。運転士、駅長、販売員などの鉄道員たちは、乗客の表情を見て、気配りを絶やさないようにしているのです。

列車が駅に着いて、乗客が次々と降りてくる日常風景。ワンマン列車の運転士がホームで切符を受け取ります。「ありがとう」と運転士に言葉をかけて、家路に着く地元の乗客たちの姿があります。

「今日はよい天気ですね」と運転士に話しかける乗客。「今日は（まちのスーパーで）何を買って来ましたか」と乗客に話しかける運転士。列車の乗り降りで見られる普段の些細な会話です。乗客の多くが顔見知りで、「どこのお客さんか、どこに用事に行っているのか、わかることもあります」と運転士は言います。

大きな荷物を持ったお年寄りが遠慮して、最後に降りようとしているとき。運転士が「お持ちしますよ」と、その荷物を代わりに持って降ろしてあげると、お年寄りが「ありがとう」と感謝の言葉をかける光景も見られます。

「乗せてくれて、ありがとう、ご苦労さん」と言いながら、女性のお年寄りが列車を降りるときに、男性の運転士に缶ジュースをくれることもあります（もちろん、運転士がその缶ジュースをいただくのは、仕事のあとです）。こうした日常の温かいふれ合いの光景は、東日本大震災の以前から、現在も変わらず見られる光景です。

車を持たないお年寄りや高校生の乗客にとっては、「日ごろの移動の足は三鉄しかない」ということも珍しくありません。三鉄は唯一の交通機関であり、「地元になくてはならない鉄道」、まさにライフラインとなっているのです。

乗客に最も近い現場の判断で、柔軟に列車を運行

三陸沿岸のトンネルを次々と抜けて走る三鉄の列車のなか。観光客と見られる乗客たちが乗っています。運転士は、恋し浜駅に近づくと、列車のスピードを落とし、ゆっくりと徐行運転に切り替えます。乗客たちの目の前には、大きく雄大に広がるリアス式海岸のすばらしい景色が広がります。「オー！」と乗客たちが感嘆の声を発します。

運転士は、乗客を見て、地元の乗客か、外からの観光客か、観光客の数が多いかどうかなど、車内の様子から、列車の速度を臨機応変に変えることがあります。

三鉄の沿線ではトンネルが多いため、観光客向けに運転をしたほうがいいと判断した場合には、海がよく見えるところで速度を落としてできるだけゆっくりと走るようにしています。乗客に観光アナウンスをしながら徐行運転をするなど、サービス精神を出して走るようにしているのです。

観光客などの乗客が喜んでくれたときには、「速度を落としたかいがあった、よかった」と運転士自身もうれしくなると話します。

また、列車に乗り遅れそうな乗客がいる場合に、運行ダイヤに支障がない範囲で列車の出発を遅らせることがあります。

地元の乗客には、定時運行を最優先します。列車のダイヤが遅れている場合には、もちろん観光客が多くても観光サービスの徐行運転は行いません。

乗客の事情などに合わせて、運行全体の状況を踏まえながら、乗客に最も近いところにいる運転士が現場の判断で突発的な状況にも柔軟に対応しているのです。

運行トラブルが起こった場合にも、三鉄では現場対応を重視しています。30分以上の遅れや運転ができない場合以外は、現場の運転士の自主性で対応するようにしています。運転ができなくなった場合には、運転士は「いち早く乗客の救済を」と、心のなかで思いながら、運行部と連携を密にとって対応します。

「1時間以上運転できない」と判断した場合には、運行部がすぐに代替バスを手配します。しかし、その見極めは非常に難しいものがあります。かつて、バスを手配して、乗客を乗せてバスを出したとたんに、列車の運行を再開でき、列車のほうが代替バスよりも早く着いたことがあります。「乗客の方には申し訳なく、悔やまれました」、と運転士や運行部の鉄道員は話します。

三鉄は、岩手県の三陸沿岸を走る北リアス線（久慈《くじ》駅〜宮古駅）と南リアス線（釜石駅〜盛駅）からなります。北リアス線はJR八戸線とJR山田線の間に結節し、南リアス線はJR山田線とJR大船渡線の間に結節します。三鉄のダイヤは、JRのダイヤに合わせてつくられてきた歴史があります。そのため、三鉄はJRのダイヤに合わせつつ、地元の乗客や外からの観光客のニーズそれぞれに、できる限り配慮する運行を行っています。

地元で毎日朝夕の通学に列車を使う高校生、買い物や病院などに行くために週に1〜2度、列車に乗るお年寄り。三陸沿岸に観光に訪れて三鉄に乗る観光客。新幹線への乗り継ぎに合わせて三鉄やJRの在来線に乗る遠方からの乗り継ぎ客。地元のニーズに合わせるか、観光客に合わせるか、JRの事情に合わせるか、ダイヤの編成でもそのバランスに常に悩みながら、最善の運行に向き合っているのです。

そうしたなかでも、「地元のみなさんに支えられてこその三鉄ですから、できる限り、まずは地元の方々に満足してもらいたいと思っています」と三鉄の鉄道員は話します。

マイナスを逆手に取って、喜びと希望を与える

東日本大震災が起こった後、三鉄では、「きっと芽がでるせんべい」とネーミングをした復興祈願商品を販売しました。全国の小売チェーン店などの協力もあり、好調な

売れ行きを見せています。

また、運転を一部再開してまもないころ、鉄道員たちが被災したレールを輪切りにし、磨き込むなど加工して台座を取りつけた「復興祈願レール」を販売したところ、即日完売しました。買った人の大半は鉄道マニアではなく、昔、三鉄に乗ったことのある一般の年配の人たちでした。

三鉄では、地元特産品や鉄道資源をいかした商品の企画販売を震災前から行い、いくつものヒット商品を生み出してきています。その原動力となってきたのが、第三セクターとしての三鉄の経営難でした。

２００７年に発売した「三鉄赤字せんべい」は、三鉄の経営難をそのまま名前にしたせんべいです。「赤字をバリバリ食べて」という願いを込めて地元の事業者と三鉄が売り出したところ、そのネーミングが受けてヒット商品となりました。その後も、ダジャレ商品やおたく鉄道グッズなど、次々とヒット商品を生み出してきています。

震災後は、「Ｂ－１《ビーワン》」ならぬ「駅－１《エキイチ》」グルメなども展開しています。三陸沿岸の楽しい話題提供のため、各駅で「うまい！」と最もおすすめのメニューを紹介するプロジェクトです。駅－１参加店は、三陸沿岸の食材を多く使い、その駅の土地やお店のこだわりなど、料理人の思いを込めて料理を提供しています。

赤字経営に直面するなかで、鉄道員たち、地元の人々、三鉄を愛する全国のファンたちが気持ちを一つにして、「私たちの三鉄を守り育てていきたい」、「マイナスを逆手に取ってがんばろう」という思いがヒット商品を生み出してきたのです。

憩いや学びの企画を通して、社会にメッセージを発信

三鉄では開業当初から乗客が喜ぶことを第一に、さまざまなイベントも企画してきています。なかでも人気なのが「イベント列車」です。

ＮＨＫ連続テレビ小説「あまちゃん」では、三鉄の実際のエピソードを題材にして、「お座敷列車」が描かれたこともあり、ますます人気を博しています。番組内では、三鉄は北三陸鉄道（北鉄）として描かれました。

季節ごとの歓送迎会列車、ひな祭り列車、お花見列車、花見カキ列車、納涼列車、七夕列車、月見列車、クリスマス列車、忘年会列車、初詣列車、新年会列車、結婚式列車など、ユニークな企画は数え切れないほどあり、多くの乗客に喜ばれています。

お座敷車両の掘りごたつに、こたつ布団と天板をセットにして乗客をもてなす「こたつ列車」は、冬の名物列車となっています。三陸の食材をふんだんに使ったお弁当が振舞われ、こたつに載せた籠のなかには、みかんや地元特産のお菓子が「自由に食

べてください」と置かれています。

乗客が景色を見たりして楽しんでいると、トンネルのなかで突然明かりが消えて、「なもみ」という地元に古くから伝わる鬼たちが登場して、「悪い子はいねぇがー？（悪い子はいないか？）」と大きな声でたずねながら車内を立ち回り、乗客たちを驚かせます。

東日本大震災後の2012年6月からは、震災・防災について学ぶことができる「震災学習列車」も運行しています。三鉄の鉄道員たちは、「この列車で、自然の猛威、命の大切さ、人と人のつながりなどさまざまなことを学んでほしい」と話します。

震災からの復興をめざす「被災地フロントライン研修」

東日本大震災が発生して間もない2011年5月から、三鉄では、「被災地フロントライン研修」を企画し展開しています。三鉄の鉄道員たちが、コーディネーターとなって被災地を案内するもので、復興の支援を行う人たちを対象に、ニーズに合わせたオーダーメイドの現地視察・研修を実施しています。

「大震災の被害を、全国の人々に直接知ってもらいたい」「震災直後の今こそ、理解を深めてほしい」「今後の防災・減災にいかしてほしい」との思いから企画されたものです。また、震災で運賃収入の激減が予想されたため、新たな集客交流事業に取り組まねばならないという事情もありました。

三鉄の鉄道員のなかには、震災直後の時点で最初は、「被災した人たちや復旧活動に迷惑にならずに行えるか」「被災した人々の思いに反しないか」といった迷いがありました。しかし「被災した自分たち自身がこの現実を伝承し、三陸の復旧・復興に取り組んでいかなければならない」と考えて行うことにしました。

実施に当たっては、さまざまなことに配慮をしました。最も注意を払ったことの一つに、「(観光) ツアー」ではないことを明確に示すことでした。「ツアー」というと、単なる物見遊山やレジャーととらえられる恐れもあります。また、団体対応しかできないなか、一人や二人といった少人数で気軽に参加できると誤解される可能性もありました。そのため、報道各社には「ツアー」という言葉を絶対に使わないように、誤解を招かないようにときびしくお願いをしました。

フロントライン研修のパンフレットには、「視察の注意点とお願い」と題して、次のことが書かれています（原文どおり)。

①被災地現場では作業者、作業車両の邪魔になる行動は決してしない。

②記録撮影の際は、被災者感情に配慮し、案内人が指示した場所のみで行います。
③被災地現場では、立入禁止場所への立ち入りは止めましょう。
④被災地現場にはトイレがありません。事前に済ませておきましょう。
⑤宿泊施設は復旧作業従事者に配慮し、泥酔、大声など注意しましょう。
⑥被災地では地元産品を購入し、地域経済の復興にもご支援願います。

全線再開後に向けた鉄道員と、地元の人々の熱い思い

東日本大震災から約3年後の2014年4月、三鉄は、鉄道員たちの努力と、地元の人たちや全国のファンたちからの支援を得て、全線が運行再開となりました。

けれども、三鉄の鉄道員たちは、「全線再開は待ち遠しく、ほんとうにうれしかった。ですが、再開してからの方がきびしいと思っている」と話します。

震災から3年を迎えた今でも、沿線の被災地では、どこも震災復興の遅れが顕著になっています。

三鉄の駅舎が立っていた駅周辺のまちには、家がまだありません。「まちが復興するには、まだ何年もかかる」とも言われています。

被災した地域の人たちが、「もとのまちに戻って鉄道を利用したい」と思ってもでき

ないのです。

また、三陸沿岸では、少子高齢化、人口の流出・減少、過疎化が進んでいます。駅から離れた高台などに住宅ができるなど、地域の人たちは〝車を使わざるを得ない社会環境〟になることで、モータリゼーションが一層進むと予測されています。

こうした将来への不安や不透明感があるなかでも、三鉄の鉄道員たちは、希望を持っています。地元の人たち、特にお年寄りなど車を持てない人たちが、鉄道を使いやすいような駅周辺の復興まちづくりが進むようにと、地域の人々と協力しています。また、観光客など交流人口を増やしていこうと、乗客のニーズに応じた鉄道の運行に努めたり、新たな三鉄ブランドとなる商品・サービスの企画開発に日々取り組んでいます。

三鉄の鉄道員たちは、誇りを持ってこう話してくれました。

「鉄道には、安全・安心、定時性、速達性、大量輸送というよさがあります」

「地元の人たち、特に車を持てないお年寄りや子どもたちにとっては、鉄道は日常生活の一部なのです。また、外からやってくる人たちにとっては、非日常の楽しい乗りものです」

「鉄道の場合、ボックスシートで弁当を食べたり、お酒を飲んだりもできます。ほかの交通機関には、なかなか難しいことでしょう」

そして、そうした三鉄の鉄道員たちの思いと呼応するように、運行が再開した駅舎では、三鉄を愛し、一緒に守り育てていこうと、毎日、自ら掃除をする地元の人たちの姿が今日も見られます。

第3章

感動を生み出す企業のつくり方

1 なぜ今、「感動企業」であることが重要なのか？

全国から注文が殺到するエコ名刺

点字が入った名刺を渡すと、相手の方に必ずと言ってよいほど「点字ですか……、いいですね！」と言われます。さらに、名刺の端に入ったバナナのマークについて、「このマークは何ですか？」と聞かれることもあります。

こうしたお客様とのやり取りがうれしくて、もう5年以上、バナナペーパー製のエコ名刺、かつ点字加工の名刺を愛用しています。

この名刺は、丸吉日新堂印刷という会社でつくってもらっています。この会社があるのは、北海道札幌市。北海道へ企業の視察に行った際に、社長の阿部晋也さんのお話を聞いたことがきっかけです。といっても、同社は大企業でも、いわゆる有名企業でもありません。社員数は7名と小規模ながら、日本全国から名刺制作の注文が殺到する印刷会社なのです。多くのお客様は、北海道からの配達送料を負担してまでも、わざわざこの印刷会社に名刺を頼んでいるということになります。

しかも同社が扱っているエコ名刺は、他社の名刺よりも数倍割高です。しかし名刺制作の注文は4万5千件、その8割が道外からのものであり、リピート率は9割以上だといいます。

なぜ、割高な送料・商品代にもかかわらず、丸吉日新堂印刷に名刺の注文が殺到するのでしょうか？

印刷業界は、社員規模300人未満の中小事業所が全体の99・8％、20人未満の小規模事業所が90％弱という、小規模・零細企業が圧倒的多数の業界です。パソコンやデジタルカメラの普及により、誰でも気軽に文字を編集したり画像を加工できるようになりました。そのあおりを受けて、印刷事業者数は毎年減少しています。

そんななか、丸吉日新堂印刷はバナナペーパー製の名刺制作に活路を見出しました。きっかけは、阿部さんが数年前にスウェーデンの環境コンサルタント、ペオ・エクベリ氏と出会ったことです。エクベリ氏は阿部さんに「伐採後の不要になったバナナの茎を活用することで木をまったく切らずに紙をつくれること」、そして「それがアフリカ・ザンビア共和国の雇用創出につながること」を教えてくれたのです。

ザンビア共和国はアフリカには珍しく、政府の援助で学校があり、子どもたちの教育機会はあります。しかし大人たちには教育機会はありません。そのため病気（エイズなど）の知識がなく、平均寿命が36才くらいと短命です。産業もまだ発達しておらず、国民全員が働けるような十分な仕事もありません。先進国からやってきた外国人によって違法な就労や伐採が横行していますが、経済的な理由で受け入れざるを得ない……というのが実情です。

阿部さんとエクベリ氏は「このような現状を変えることに、多少なりとも貢献したい」と考え、エクベリ氏と親しいある村の首長に「伐採したバナナの茎から紙がつくれるんだよ！　新しい職をつくりませんか？」と持ちかけたのです。こうして、ザンビアの村でバナナペーパーづくりが始まりました。ザンビアの女性は、生まれて初めて仕事を経験しました。これまで男性の場合は1日1ドル程度の収入を得る仕事はありましたが、女性が働く仕事は、ほとんどありませんでした。しかし、1日3〜5時間、バナナペーパーの生産工程の一部を受け持ち、収入を得ることで、彼女たちは今、人間らしく生活することに近づいていています。

「まず児童労働をさせない。そしてフェアトレードの精神を守り、安全に配慮する」という阿部さんたちの思いから、労働条件はしっかり整備されています。現地では労働者全員が同じTシャツを着用し、希望を持って働いています。

バナナペーパーづくりは、バナナの茎から水分などの余計なものを取りのぞき、次に天日干しをするところから始まります。その後乾かしたバナナの茎を日本に運び、埼玉にある工場（日本で唯一、無薬品・無加熱によるパルプづくりが可能）で、古紙（70%）と持ち込んだバナナの茎（30%）を細かくカットして水を加えます。

もちろん、最初からスムーズに事業化できたわけではありません。初めて現地から日本にバナナの茎を持ち帰ったときは、通関を通ることさえままなりませんでした。「なぜバナナの茎を日本に持ち込むのか」税関に理解されなかったからです。輸送は、船だと日数がかかって途中でカビてしまうリスクがあったので、飛行機で日本に運びました。

ザンビアの雇用を継続させていくのは、実はそれほど難しいことではありません。たとえば、日本の社員4千人規模の会社が名刺の材料をバナナペーパーに切り替えるだけで、1年間に約200人のザンビア国民が生活できる仕事が生まれます。阿部さんはほかの印刷会社にも呼びかけて、ザンビアのバナナペーパーの製品づくりを広げる活動に力を入れています。

「価格競争」ではなく「価値競争」が大切

阿部さんのエコ名刺制作への取り組みは、2002年から始まりました。飲料メーカーから依頼を受けてつくったペットボトル再生名刺がきっかけです。従来は捨てられていたトウモロコシの皮を使った「トウモロコシ名刺」もつくりました。

また、福祉活動の一環として点字加工にも取り組んでいます。点字は福祉法人の精神に障がいがある人たちが手作業で加工するので、障がい者の労働機会と収入のアップに直接貢献できます。さらに売上の一部を日本盲導犬協会に寄付し、1枚の名刺をあらゆる形で社会のお役に立てているのです。

とはいえ、阿部さんは最初から社会貢献や、エコな取り組みに熱心だったわけではありません。

阿部さんが小学生のころ、母親が脳梗塞とメニエール病を患って入院しました。2年後に退院したのですが、母親は半身不随になり片目が寄って動かなくなりました。まだ小学生だった阿部さんは、母親への甘えもあってか、「お母さんの目、どうしておかしいの?」と言ってしまったことがあるそうです。そして母親に「好きでこんなになったのではないんだよ。世のなかにはこういう人がたくさんいて、傷つく人もいるんだよ！」と厳しく叱責されたそうです。阿部さんは子どもなりに深く反省しましたが、大人になるにつれ、その気持ちをすっかり忘れていました。

阿部さんが20歳のころ、親戚の葬式後に会場の外の階段に立っていたら、体の不自由なおじいさんが、階段を苦労して降りようとがんばっていました。

阿部さんは最初何もせずにその様子を見ていたのですが、階段の下にいた女性たちに「あんた！　手伝いなさい」と言われ、階段を下りるお手伝いをしました。そしておじいさんに「昔は動けたけど今は動けなくなってしまった。助かったよ。ほんとうにありがとう」と感謝され、昔お母さんに叱責されたことを思い出したのです。

阿部さんはそれまで、困っている人を見かけても行動できなかったと言います。照れくささもあったのかもしれません。しかしこのときお母さんの言葉を思い出し、「困っている人がいたら、絶対に手伝おう」と決意をしたのです。

名刺はビジネス的には儲けが薄く、多くの印刷会社は受注しても外注や下請けに渡してしまいます。かつては丸吉日新堂印刷も同じでした。しかし、「自分にも何かできるはず」と考えた阿部さんは、エコ名刺・点字加工名刺にたどり着いたというわけです。

また、阿部さんが売っているのは名刺そのものだけではありません。心のやさしい方々の出会いに貢献したいと、札幌、東京、福岡でエコ名刺交流会を行い、「出会いの場」を広げています。エコ名刺交流会は、毎回講師を呼んで勉強し、ともに学び思いやりの気持ちを共有しながら和を広げていくという活動です。こうした出会いが、同じ思いを持った人同士が仲よくなっていく「善の循環」につながっているのです。

冒頭の「なぜ丸吉日新堂印刷に名刺の注文が殺到するのでしょうか？」という問いの答えは、もうおわかりでしょう。阿部さんの活動に共感した方々が、「名刺で社会貢献できるのなら」と、多少割高であっても発注してくれるからなのです。

実際、私が使っているのは、1枚45円ですが、一般的な相場は10～25円。かなり割高になります。

多くの業界が価格競争の弊害で利益が出にくくなっているなか、売上アップを意図しなかったにもかかわらず、結果としてお客様の支持を得ている丸吉日新堂印刷の取り組みは、ほかの業界でも参考になります。

中小企業が、絶対にやってはいけない競争は「価格競争」です。価格競争は、誰にとっても幸せになりません。

価格競争の弊害は、同業者間だけではなく、原料の仕入れ元や下請け業者にまで及びます。

たとえば、酪農の現場に取材に行くと、自分が育てている牛に、太郎や花子といった名前をつけてかわいがっています。しかし、愛情を注がれてつくられた牛乳が、最終的に食品スーパーに並んだとき、安売りなどの際には１００円を下回るような価格で売られています。当然、酪農家が得る収入に影響はあるでしょう。

こうした状況を目の当たりにするたびに、価格競争は「百害あって一利なし」と感じます。価格競争に巻き込まれないためには、品質などに加えて「感動の商品・サービス・経営」といった付加価値が大切なのです。

感動そのものが重要な消費

「感動自体が消費の対象である」と言われると、少し信じられないかもしれません。しかし、実際に私たちは〝感動〟を消費しているのです。

戦後を振り返ってみましょう。経済の復興により、急激に品質が高く種類も豊富な製品が数多くつくられていきました。そして、１９８０年ごろを境に、多くの製品において供給が需要を上回り、モノ余りの時代に入りました。

その都度、さらに、消費者の利便性を高める工夫がなされてきましたが、家電製品など、性能もよくなり、さまざまな機能が搭載されました。しかし「家電製品の機能をすべて使い切っている」と言い切れる人は、利用者の何％いるでしょう？　このように、多くの製品に「人が必要としない機能」が搭載され、オーバーシューティング（行き過ぎ）してしまっています。最初は、目新しさにひかれて購入する人もいますが、実際に使ってみて、難しい機能の多くが不必要であったこと気づくと、新製品が出ても「買い換えたい」といった意欲が薄らぐのも当然です。

「コモディティー化」（ありふれたものになること）といった言葉が、少し前によく使われました。新しい製品が出たときは、他社にないものだったかもしれませんが、やがて「コモディティー製品」になってしまいます。

こうしたモノ余りの時代においては、モノではなく「感動そのもの」こそ、重要な消費の対象になっています。

人は誰でも忘れられない感動体験を持っています。身近な人の生きざまに感動したこと、映画を見て涙が止まらなかったこともあるでしょうし、マラソン選手が、最後までフラフラになりながらもあきらめずにゴールまでたどりつくのを見たり……。私たちの暮らしのなかで、さまざまなところで感動が生産され、人の心を動かしています。モノがなかった時代は、「便利さ」や「快適さ」といった豊かさを追い求めてきました。

しかし、モノ余りの時代になると、モノから心の欲求に変わります。そうしたなかで、まさに、感動そのものを求め消費するようになったのです。涙を誘う映画に人が集まり、テレビのスポーツ番組では「勇気と感動をありがとう！」などとアナウンサーが泣きじゃくりながら絶叫します。このように人々は、スポーツやイベントだけでなく、感動を生み出す商品やサービスを追い求めています。

感動への欲求がどんなに旺盛でも、多くの人がそれを満喫するために費やせる時間は限られています。だからこそ、「満足」といったレベルではなく、「感動」レベルの商品・サービスが必要なのです。

今回、第2章でご紹介したモノであれサービスであれ、経営そのものであれ、消費者は感動レベルを求めているのです。そして、感動した消費者はリピーターになり、利益の向上に大きく貢献しているのです。

クチコミが重要な時代に

静岡県の藤枝市に看板のない居酒屋「岡むら浪漫」があります。看板がないだけでなく、宣伝もしていません。なのに、なぜか繁盛しているのです。現代表取締役の岡村佳明さんの母親が細々と始めた居酒屋でしたが、当時から店は笑い声であふれ、いつもお客さんでいっぱいでした。その理由について母親は「好かれる人間になれば、周りの人が寄ってきてくれるよ」と話してくれたといいます。母親は、30歳を過ぎても定職に就かずサーフィンに熱中していた岡村さんの将来を考えて店を広げ、岡村さんに居酒屋を任せました。

岡村さんは当初、あまり熱心ではありませんでした。しかし、常連のお客様から、「母親の気持ちがわからない大ばか者」と怒られて、目を覚まし、母親を喜ばせたいといった一心から全国の居酒屋を見て回りました。そして、何百軒と居酒屋を回るうちに、「何度も行きたくなるのは人の魅力だ」と気づいたのです。

岡村さんは「いいお店があるから行きたいんじゃない。いい人がいるから行きたくなるんだ」と、小さいころに聞いた母親の言葉を思い出しました。こんなこともあり、現在、静岡県藤枝市を中心に7店舗も展開していますが、看板も出さず宣伝をしないでクチコミ中心で集客に成功しています。

江戸から昭和にかけては、「どんなものが好きか」「どんな悩みを持っているか」をご近所の奥様方が集まって情報交換をしていました。いわゆる〝井戸端会議〟です。「今年はみかんが甘いね！　あの八百屋に入った新しい店員さん、とても親切よ……」といったような会話が、取りとめもなく行われていました。

昔の商売人は、そうした近所の奥様方の何気ない自然な会話を、日ごろのつきあいのなかで自然に把握し、商売に活かしていました。

江戸時代では、商売の範囲や広告手段が限られていました。時代が進み音声が遠くにいても私たちに伝わるようになり、さらにテレビができて映像を見ることができるようになりました。次に１９９５年以降のインターネットの登場によって、世界中の情報を手にすることになりました。そして、今では、通信網のインフラが整備され、検索技術が発達し、さまざまなソーシャルメディア（ツイッター、フェイスブックなど）により、「情報を受け取るだけ」でなく、パソコンやタブレット端末一つあれば、誰でも「情報を発信できる」ようになったのです。

総務省の調査データでは、「２０２０年までにデジタルデータは、２０１１年時点の約30倍に増加、その約90％がソーシャルメディア上の書き込みなどの『非構造化データ』、また約75％が個人ユーザーによって生成されたものになる」と予想されています。つまり、「あそこのラーメンは、だしが効いていておいしい」「そうかな〜。でも、あの店員さん態度が悪いよね……」といった消費者同士のおしゃべりがネット上で行われるようになったということです。

こうした時代になると、ネット上のクチコミがプラスにもマイナスにも働きます。プラス面は、その企業の評判をお金をかけて宣伝しなくてもお客様が発信してくれることです。企業が制作した広告には、どうしても意図的なものを感じますが、お客様のクチコミであれば、「正直な声」だと認識されます。インターネットでの買物が当たり前になった現在、購入を検討している商品サービスについての利用者の評価を多くの人が参考にするのではないでしょうか。

そして、感動の商品サービスについては、バイラル効果（感染的に人々に次々と伝わっていくこと）が働いていきます。そのことが、たとえ小さな会社であっても、過疎地であってもクチコミとなってお客様に伝わっていきます。

しかし、ネット上のクチコミは、企業にとって大きな危険性も含んでいます。時代劇では、悪徳商売をする越後屋の悪事が口伝えに噂になりました。今は、食品偽装をはじめとするさまざまな不祥事が、あっという間に海外まで伝わってしまうのです。

お客様に感謝されることが最大の社員満足、動機づけになる

人口減少の少子高齢化時代において、経済成長を図ることは容易ではありません。そのため、社員の動機づけに関心が持たれています。

「動機づけ理論」とは、専門的な話になりますが、「外発的動機づけ」と「内発的動機づけ」に大別されます。

外発的動機づけとは、昇給、ボーナスなどの金銭的報酬や、昇進、表彰、人からの賞賛や承認、メンバーからの受容、上司からのほめ言葉など、「他人や外部から提供される報酬（外発的報酬）を目当てに、がんばること」を言います。

これに対して「内発的動機づけ」とは、達成感、成長感、有能感、仕事それ自体の楽しみ、自己実現など「内なる欲求によって、突き動かされるようにがんばる状態」を指します。

外発的動機づけの問題点としては、次のような問題が指摘されています。

①アンダーマイニング現象……特に、金銭欲や名誉欲は限界がなくなり、果てしなくなる。

②パフォーマンスとのかかわりが頭打ちになる……アメリカの調査では、年収7・5万

ドル（2014年6月現在の日本円換算で約750万円）を超えると幸せ感がなくなり、パフォーマンスへの影響が薄れていく。

③疲れてしまう（長続きしない）……刺激に反応して意欲を燃やす場合があるが、長いキャリアの道のりを進んでいくには限界がある。人間は刺激疲れ、競争疲れしてしまう。

感動とは移ろいやすいもの

2　人が感動するのは、どんなときか？

感動の商品サービスは、どのように生まれるのかといえば、内発的動機に基づくものだと思います。批判を恐れずに言えば「原価率低減」といったこともちろん大切ですが、そうしたマネジメントの常識を越えて、「自分が納得のするものをつくりたい」「お客様の喜ぶ顔が見たい」といった動機で、無我夢中に没頭しているなかでこそ、多くの人を魅了する商品サービスが生まれるのです。

人が感動するときは、どんなときでしょうか。アイエヌジー生命保険株式会社と法政大学大学院坂本光司研究室で、２０１２年度に実施したアンケート調査と、個別の企業研究の結果を要約すると次のように整理されます。

①（お客様が）大切にされている実感

お客様が「私はお客として大切にされている」「私は尊重されているという実感（重要感）」。これがお客様に感動を与えるサービスの大前提です。

②（お客様の）ニーズへの最適化

お客様の大切にされているという実感をベースに、お客様が求めるサービス価値、お客様の状況、その他お客様の属性に起因する特性に対してそれに最適なサービス・ミックスを提供できることが重要です。

「顧客の顔・名前・好みの記憶力」「顧客情報・ニーズ把握による適切な対応」「きめ細かな気配りのあるサービス提供」「個人特性に合わせたサービスのカスタマイズ」などによりお客様のニーズへのサービス最適化が行われ感動を呼び起こしているのです。

③価値の優位性

アンケートの自由記入欄に書かれた内容を丹念に確認していくと、「本物・本質を追求した商品・サービス提供」「ほかにない施設、商品・サービス提供」「手間ひまをかけた商品・サービス提供」「味・鮮度のよい食品・食事提供」「安全・安心を提供する商品・サービス提供」「予想外の製品・サービス提供」「料金の特別割引、リーズナブルな価格設定」などの総合的魅力度によってお客様の感動を呼ぶことがエピソードの多くで示されていました。

感動は、決して、偶然の対応ではなく、普段から絶え間なく、お客様に価値あるものを提供しようとする姿勢、活動から生まれてくるのです。

④不測の事態への対応

不測の事態の場面で、お客様の問題解決に貢献することができれば、大きな感動を呼ぶことがわかります。

第2章でご紹介した武蔵境自動車教習所では、ペーパードライバーである卒業生に、「一生の永久の権利」として、助手席にブレーキが設置された教習車を無償で貸し出しています。もちろん、車に乗り慣れない人が乗ると、ぶつけたり、擦ったりといったアクシデントも多いそうです。しかし、武蔵境自動車教習所では、そんなときも「おけがはありませんでしたか？」と、お客様に声がけをするだけで、修理代も一切請求することはありません。

【感動の商品サービス文化がつくられるプロセス】

①お客様の重要感の充足
お客様の「私は大切にされている」という実感
↓
②お客様のニーズの充足
↓
③精神的交流
お客様とお店（企業）の経営者・社員との人間的かかわり
↓
④お客様の意識・行動の変容
お店（企業）に対する好意的反応、お客様自身の意識・行動が他者とのかかわりにおいて感動を与えるような変容

↓
⑤働きがいの実感
真の社員満足、真の経営の喜びの実感
↓
⑥より多くの企業・地域・社会全体への拡がり
お客様のクチコミ、同業他社の研究、異業種含むベンチマーキングなどによる浸透
↓
⑦感動の商品サービスを創出する企業文化の醸成
感動の商品サービスを創出することが当たり前とされるような企業文化の醸成

以上のような感動の商品サービスの形成プロセスがあり、⑤に社員の満足、働きがいの実感、⑦感動の商品サービスを創出する文化の醸成が、①お客様の重要感の充足につながり、継続的に感動サービスを生み続けることができるのです。

なぜ、継続的でなければならないのでしょうか。それは、次の式に当てはめて考えると容易に理解することができます。

【感動の商品サービスの公式】

100－1＝0

特に無形の価値は、非常に難しい面があります。なぜなら、いくらお客様から評価を受けても、何か一つでもマイナス面があると、どんな高評価も、恐ろしいことに「帳消し」になってしまうのです。

以前、新聞に掲載されていたエピソードをご紹介しましょう。ある旅行会社で、ロシア旅行ツアーを企画しました。その旅行の添乗員は、ホスピタリティーにあふれ、些細なことにも気を使い、旅行に参加した方から高い評価を得ていました。約1週間の旅行の最終日、慰労を兼ねて、旅行に参加した人の発案で、添乗員を招き食事をしました。お酒がさほど強くなかった添乗員は、いつもの限度を超えて飲み過ぎてしまったのです。そして、翌朝、寝過ごして、「旅行者を帰りの飛行機に乗せる」という任務を怠ってしまったのです。

すると、昨日まで高い評価を得ていた添乗員の評価は一変。旅行者全員が、服装や言葉遣いまであらゆることについてその添乗員のことを悪く言い出したのです。そして後日、旅行会社にまで添乗員のクレームが入ったそうです。

これは、極端な例ですが、「１００－１＝０」の公式が当てはまります。感動といった人の気持ちにかかわることは、このように移ろいやすい性格があります。だからこそ、感動を企業文化にまで押し上げる必要があるのです。

お客様の属性でサービス要素は異なる

お客様の属性によっても感動サービス要素は違いが見られます。調査結果では、年齢、性別などによりかなりの反応の違いが見られました。

年齢的なこと以外に、ライフスタイルや価値観などによってもお客様の感動の要因はそれぞれ異なります。したがって、次のような努力が企業側に求められます。

①社員の心の教育
どんな仕事も、その業種にまつわる知識やスキルの習得は必須です。同時にお客様への感受性、コミュニケーション能力開発も大切です。しかし、「お客様を感動させる」といったレベルになると、心の教育が不可欠です。「お客様の役に立ちたい」「喜ばれたい」といった、人にやさしい、思いやりの心が根底にあるからこそ、自然にど

んな状況においてもお客様のことを考えた判断・対応ができるのです。

②お客様満足度調査の活用

お客様の声を定期的に聴くことは重要です。なぜなら、自社の商品やサービスは、通常は、お客様の要望を考えてつくられていますが、お客様の要望に合わないものを提供している可能性もあるからです。

神奈川県にホンダカーズ中央神奈川というカーディーラーの会社があります。営業社員がいてお客様を訪問することが当たり前のように思われますが、「ノルマをかけるとモチベーションが上がらない」という理由から営業訪問を禁止している会社です。

しかし、営業訪問なしでも、ほかのカーディーラーより多くの販売台数を継続し、2004年の「日本経営品質賞」を受賞したり、全国のカーディーラーのなかで長年連続で顧客満足日本一を続けている同業他社も注目する有名店です。

同社が大切にしているのは、お客様へのアンケートです。各項目を5段階で評価しますが、もし、3点などといった評価があったら、お客様が実質不満であるとして改善策を徹底的に考えて実行します。

また、一般的に、カーディーラーの営業担当者は、クルマを売ったことによる「歩合給」が多いと思います。しかし、同社では、歩合の部分は微々たるものにして、お客様からの評価を重視しています。「○○さんの対応はすばらしい」「○○さんには、ほんとうに丁寧に直してもらった」といった類の評価です。

経営において、売上や利益は結果指標、お客様満足は先行指標と呼ばれています。非常にシンプルですが、お客様が満足されていないのに、売上や利益だけが上がるといったことはありません。つまり「お客様の満足を前提としない経営は、所詮成り立たない」のです。だからこそ、定期的に顧客満足調査を行うことが重要なのです。

③お客様情報の充実と活用

お客様情報をしっかりと把握して管理メンテナンスをすることは、感動レベルのサービスを提供するうえでの効果があります。

大阪に名田正敏さんという「伝説のドアマン」と呼ばれている人がます。

34歳と少し遅いスタートで、ロイヤルホテルに勤務しました。最終学歴は小学校でしたが、異例で支配人にまでなりました。上司のアドバイスで、「自分にしかできないことはなにか」と考えるようになったことが、大きかったと言います。名田さんが考えた「自分にしかできないこと」とは、お客様の顔と車を覚えることでした。当時のロイヤルホテルのお客様の多くは、政治家・官公庁・実業界の方々でしたが、彼はお客様それぞれの、顔や運転手、車種、ときにナンバーまでを、覚えたのです。

そのかいあって、どんなときでも配車をスムーズにこなすことができ、ホテルの社員からもお客様からも一目置かれるようになりました。

人並外れたすばらしいパフォーマンスを発揮する人は、必ずといっていいほど、これまた人並外れた苦労をしています。

もちろん、名田さんがすばらしいことは間違いありませんが、名田さんと同じようなことを、今はＩＣＴ（情報通信技術）がやってくれます。

北九州小倉に「バグジー」という感動の美容室があります。この美容室は、平日でも予約でいっぱいですが、その理由の一つに、徹底的にお客様が喜ぶことを自分たちで考えて実行していることでしょう。マニュアルもなく、「友だちだったらどうする？」といったシンプルな基準で判断しています。閉店５分前にお客様が来店された際にも、もし、「やってあげたい」と思ったら、上役の確認なしで、自分の判断で閉店を延長してもかまいません。そんなバグジーですが、お客様との何気ない言葉のやりとりも大切にしています。一人一人のお客様のカルテがつくられていますが、そのなかには、お客様との会話の内容も含まれています。数カ月前に来店されたお客様との会話で、「魚釣りに行く」といった話が飛び出した場合、再来店されたら、真っ先に「お魚釣れましたか?」といったことから、会話がスタートします。すると、お客様も、「数カ月前のことを覚えてくれているとは! 自分をなんと大切にしてもらっているのだろう!」と感動します。

さらにICTのよいところは、いつもご指名をいただく担当スタッフだけでなく、店全員が共有できることです。同店では実際の朝礼において、その日に予約が入っているお客様一人一人の状況を店全員で確認します。たとえば、電話の予約の様子から「風邪をひいている」とわかったら。その情報をスタッフ全員で共有化して、担当スタッフ以外でも気をきかせて、お客様をストーブに近い席にご案内する、といった具合です。

名田さんは、気が遠くなるような努力で「伝説のドアマン」になったわけですが、バグジーでは、店舗スタッフ全員がICTを使いこなすことによって、お客様について、詳細に把握することを実現しているのです。

④感動エピソードのフィードバックによる学習

感動の商品サービスを提供しているところでは、必ずといっていいほどお客様の感動のエピソードが組織で共有化されています。

スーパーマーケットなどでよく目にするのは、お客様からのクレームとそれに対して店長の回答です。

しかし、指摘されたことを改善するだけでは「お客様に感動を与えるレベル」には到達しません。むしろ、お客様からのおほめの言葉や感動のエピソードを積極的に社員にフィードバックすることが重要です。

人間には、「否定的なことは、無意識に受け入れがたい」という心理的な抵抗がどうしてもあるものです。ですから、むしろ、積極的にお客様から喜ばれたことを伝えていくことのほうが効果的です。前で見たバグジーでは、やはり朝礼で、感動のエピソードを毎日共有化しています。たとえば、休みの日に、老人ホームへボランティアカットに行った際、カットしたおばあちゃんが喜んでくれたこと、お店に遊びに来ていた自閉症の子が、あるとき来なくなったので、心配になって、大きなひらがなで書いた手紙をその子の自宅のポストに入れ続けたら、お店にまた来てくれるようになり、ご両親からも感謝されたことなどです。こうしたことは、〝天使の仕事〟と名づけられています。

感動のエピソードのフィードバックは、お客様との間だけのものではありません。

社員間における感動のエピソードも共有することで職場のコミュニケーションやチームワークがよくなります。静岡の感動のお菓子屋のたこ満では、「ありがとうカード」を活用しています。ありがとうカードとは、感謝の気持ちを伝える手紙のことです。親切にやってくれたことがあったら、一緒に働く仲間にその気持ちをカードに書いて伝えるのです。ありがとうカードをいただくとうれしい気持ちになり、これからもがんばろうといった気持ちになります。たとえば、何かのお祝いの際、お菓子をかごに盛って届けるといったことが静岡では行われます。しかし、お菓子は崩れやすいので配送担当は嫌がられます。ありがとうカードの仕組みを運営する前は、忙しいことを理由に断る配送担当もいたといいます。

しかし、ありがとうカードに「運びにくいお菓子を丁寧に運んでくれてありがとう」と書いて、配送担当者に渡したところ、相手の態度が一変したそうです。以前は嫌がっていたのに「今日は菓子のかご盛りはないのか？」と言ってきたといいます。このようなことをたこ満では、定期的に社員全員で共有しています。ありがとうカードをいちばん書く人は、千枚以上書くそうです。まさに「ありがとうがあふれている職場」なのです。

感動の商品サービスを生み出す、そして、会社全体が、感動企業になるための項目を整理すると以下の取り組みが効果的です。

感動の商品サービスを生み出し、感動企業に生まれ変わるために

①自分たちのお店（企業）の理解
自分たちのお店（企業）の使命・商品・サービスの特性を理解する。
②お客様の理解
自分たちのお客様の特性を理解する。
③経営理念の再構築と共有化
お店（企業）の経営理念を見直し、社員の使命感、誇りを高め、お客様にとって納得のいくものとする。
④感動サービス戦略の明確化
経営理念に基づく感動サービス戦略を明確化する。お客様、お店（企業）の特性を踏まえた最適の資源配分を考える。
⑤感動サービス実践支援システムの整備
単なる人海戦術でない、属人的資質への依存だけでない、感動サービスを支援する

設備、情報システムなどを整備する。

⑥感動サービス実践教育の実施

社員に感動サービス実践のために必要な能力開発を行う。

⑦リーダーの率先垂範と社員の支援

経営者、幹部、職場の長自ら率先垂範のリーダーシップを示す。第一線の社員を支援することを明言し、実践する。

⑧お客様を大切にするサービス実践

会社全体で一人一人のお客様を大切にする行動を、まず実践する。

⑨お客様のニーズに最適化したサービス・ミックス提供

「今ここで何をすることが、お客様の満足につながるか」を考え抜いて、最適なサービス要素を組み合わせて、迅速に提供する。

⑩お客様の反応の収集とフィードバック

お客様の反応をよく観察し、情報を集め上司や職場メンバー、関係部署にフィードバックする。フィードバックをもとに、必要な修正と促進を図る。

⑪感動サービスを実践した社員の賞賛とエピソードの共有

感動サービスを実践した社員を積極的に賞賛し、感動エピソードを社内で共有する。

3 感動の商品サービス・経営で最も大切なこと

アンケート結果や理論に基づき、整理してきましたが、最も重要なことを最後に書きたいと思います。

社員を徹底的に大切にすること

このことを抜きにして、本書でご紹介したほかのことに取り組んでも、結局表面的なものにしかならないと確信しています。今まで、数多くの企業を視察訪問してきて感じることで大切なことは、社員の幸せにする思いと具体的な取り組みに尽きると思います。

なぜなら、感動の商品をつくるのも、感動のサービスを提供するのも、結局は、人だからです。「自分が大切にされていない」と普段感じている社員がなぜ、その企業のお客様を「大切にしたい」と考えるでしょうか。

このことは、訪問した多くの経営者からの口からお聞きした言葉ですし、前述した坂本光司教授が、ことあるごとに繰り返し言っていることです。

ハーバード大学のサッサー教授らは、「サービスプロフィットチェーン」という考え方でこれを整理しています。社員が満足すると、定着率が上がります。定着率が上がると、経験豊富で知識やスキルが高い社員がお客様と対応することになります。そうした社員はお客様に高い価値を提供するのでお客様は満足します。満足したお客様は、喜んで料金を払います。結果として売上が上がるのです。

つまり「満足していない」「自分は大切にされていない」と感じている社員がお客様と応対すれば、最低限の業務はこなせても感動を呼ぶサービスは提供できるはずがないのは当然です。

基本的には、感動の商品サービスを生み出している会社は、サッサー教授らが提唱したこのモデルに当てはまるだけでなく、坂本光司教授が提唱している経営学を実践している会社なのです。

「経営とは、５人の永遠の幸せを追求する活動である」（坂本教授）
①社員とその家族②取引先とその家族③お客様④地域・社会⑤株主

最近、ブラック企業が話題になります。その経営理念を見ると必ずと言っていいほど「お客様第一」とうたわれています。しかし、大切な「社員」へのまなざしが抜けてしまっているのではないかと感じることがあります。社員の犠牲のうえにあるお客様満足は、欺瞞に満ちあふれていて、決して長続きすることはないでしょう。

もし、自社が感動の商品サービスを生み出せていないとしたら、それは、社員の幸せに対する思いが弱いのではないでしょうか。

繰り返しになりますが、大切なことなので最後にもう一度お伝えしておきたいと思います。

感動の商品サービスを生み出すのは「仕事に幸せを感じて、自発的に取組む社員そのもの」なのです。

おわりに

本書を読み終えて、皆さんはどのように感じられたでしょうか。「うちの会社も、これから変えてみよう」「お客さんに接するときの気持ちを、見直してみよう」「新入社員の私にだって、何かできるはず！」……。

たとえほんの少しでも、そんな気持ちになっていただけたら、筆者としてそれ以上の喜びはありません。

なお本書の原稿は、関係者で話し合いを重ね、掲載企業に何度も取材をお願いして、作成しています。

第1章は坂本が、第2章は「感動経営の普及に関する調査研究委員会」のメンバーが、そして第3章は、この分野に精通した株式会社イマージョン社長（坂本研究室所属）の藤井正隆氏が取りまとめました。

ところで、「感動経営の普及に関する調査研究委員会」とは、坂本が所長を務める「法政大学大学院中小企業研究所」と、アイエヌジー生命保険株式会社が、産学共同研究プロジェクトとして設置した委員会です。

本調査は2年がかりの研究で、数千社のアンケートやヒアリング調査をさせていただいた企業は30社を超えましたが、本書では紙面の限界もあり、業種・業態やその感動経営の特徴などを踏まえ、そのすべてを掲載することができませんでした。

最後になりますが、こうしたチャンスをくださったアイエヌジー生命保険株式会社や、本書の出版を快く引き受けてくださったWAVE出版の玉越直人氏、文章のチェックに労力を惜しまずがんばってくれた山守麻衣氏、坂本光司研究室の皆さん、さらには業務ご多忙にもかかわらず、調査や取材にご協力くださいました企業様にも、この場をお借りして厚くお礼申し上げます。

2014年6月

坂本光司＆「感動経営の普及に関する調査研究委員会」一同

［執筆者一覧］

坂本光司　さかもと・こうじ［第1章執筆］

法政大学大学院政策創造研究科教授、同大学院中小企業研究所所長、静岡サテライトキャンパス長。専門は中小企業経営論、地域経済論、福祉産業論。1947年生まれ、法政大学経営学部卒業。公共産業支援機関で勤務後、大学教員に。経済産業省委員会委員、NPO法人オールしずおかベストコミュニティ理事長など、数多くの公職も兼任。訪問調査や助言をしてきた中小企業や商店街、自治体は全国のべ7000カ所以上。「現場主義」がモットーで、今でも週2日は、社会人学生とともに全国を飛び回る。『日本でいちばん大切にしたい会社』シリーズ4巻（あさ出版）、『ちっちゃいけど、世界一誇りにしたい会社』（ダイヤモンド社）、『強く生きたいと願う君へ』（小社）など、著作は約80冊にのぼる。

自宅　静岡県焼津市相川1529／電話　054（622）1717

Eメール　k-sakamoto@mail.wbs.ne.jp

藤井正隆　ふじい・まさたか［第3章執筆］

株式会社イマージョン代表取締役。1962年生まれ、法政大学大学院イノベーションマネジメント研究科修士課程（MBA）修了、法政大学大学院政策創造研究科博士後期課程在学中。大手組織開発コンサルティング会社に26年半在籍後、独立。人を大切にする「坂本経営学」「人本主義経営」に共感共鳴して、坂本光司研究室の活動に参加。『感動する会社は、なぜ、すべてがうまく回っているのか？』（マガジンハウス）ほか、単著、共著、経営誌執筆多数。

Eメール　m.fujii@immersion.co.jp

感動経営の普及に関する調査研究委員会［第2章執筆］

法政大学大学院中小企業研究所（所長：坂本光司教授）とアイエヌジー生命保険株式会社は、２００８年４月より、産学連携共同研究のさまざまなプロジェクトを実施している。「感動経営の普及に関する調査研究委員会」は、２０１２年度に発足。同プロジェクトは、中小企業に訪問調査を行い、経営課題に対する改善提案や提言を行うことをめざす。文献からのデータ収集にとどまらず、実践的な研究成果を発表し続けているとして、話題を呼んでいる。

執筆メンバー（役職・肩書きは執筆時点のもの）

中村大作（担当：訪問美容 と和）法政大学大学院 中小企業研究所 特任研究員（株式会社 社会起業家パートナーズ 代表取締役）

武田和久（担当：株式会社武蔵境自動車教習所）法政大学大学院 政策創造研究科 修士課程（一般社団法人日本ストレングスマネジメント協会 代表理事）

小林秀司（担当：株式会社スワニー）法政大学大学院 中小企業研究所 特任研究員（株式会社シェアードバリュー・コーポレーション 代表取締役）

吉井裕之（担当：株式会社浜野製作所）法政大学大学院 政策創造研究科 研究生（ビジネスバンク代表）

藤井正隆（担当：出雲土建株式会社）法政大学大学院 中小企業研究所 特任研究員（株式会社イマージョン 代表取締役）

佐野紗耶佳（担当：学校法人池谷学園　冨士見幼稚園）アイエヌジー生命保険株式会社 営業戦略室

荒尾宏治郎（担当：ル・クロ［株式会社クロフーディング］）法政大学大学院 政策創造研究科 修士課程（ブレインセラーズ・ドットコム株式会社）

竹内麻美（担当：株式会社矢場とん）アイエヌジー生命保険株式会社 名古屋第二営業部

桝谷光洋（担当：有限会社十勝しんむら牧場）法政大学大学院 政策創造研究科 修士課程

今瀬政司（担当：三陸鉄道株式会社）法政大学大学院 政策創造研究科 兼任講師、長岡大学経済経営学部 准教授、特定非営利活動法人市民活動情報センター 代表理事

協力：**アイエヌジー生命保険株式会社　２０１３年研究員メンバー**（順不同）
吉井一浩（札幌営業部）／**塚本光晴**（東京北営業部）／**竹内麻美**（名古屋第二営業部）／**福岡慎也**（大阪東営業部）／**樋樫雅彦**（神戸営業部）／**佐野紗耶佳**（営業戦略室）

人に喜ばれる仕事をしよう
感動、感激、感謝される会社のつくり方

2014年7月2日　第1版第1刷発行

編　著　　坂本光司

発行者　　玉越直人

発行所　　WAVE出版
〒102-0074　東京都千代田区九段南4-7-15
TEL 03-3261-3713　FAX 03-3261-3823　振替 00100-7-366376
E-mail: info@wave-publishers.co.jp　http://www.wave-publishers.co.jp

印刷・製本　中央精版印刷

デザイン　加藤愛子（オフィスキントン）

編集協力　山守麻衣

D T P　N O A H

校　正　小倉優子

NDC335　239P　19cm　ISBN 978-4-87290-677-6